언뜻 보기에 좋은 사람이

더 위험해

시모조노 소우타 씀
김단비 옮김

내 에너지를 빼앗는
사람들 치우는 법

언뜻 보기에

좋은 사람이

더 위험해

Denstory

당신이 날마다 만나는 사람 중에 '매력적이고 멋진 사람처럼 보이지만 왠지 마음을 어수선하게 만드는 사람'이나, '좋은 사람처럼 보이지만 어딘가 숨이 막히게 하는 사람' 혹은 '만날 때는 즐겁지만 어쩐지 당신을 피곤하게 만드는 사람'이 있지 않나요.

항상 에너지가 넘치고 활발한 성격이라서 인기는 많지만 가끔 화가 나게 만드는 후배. "뭐든지 말해봐. 내가 들어줄게!"라고 해서 무심코 이런저런 이야기를 털어놓았지만 주변 사람들에게 소문을 퍼뜨리지 않을까 걱정되는 선배.

"자네에게 맡기겠네!", "항상 의지하고 있어!"라고 부하 직원을 신뢰하는 것처럼 말하지만 어떤 문제가 생기면 "부하 직원에게 모두 맡겨놓은 상태라 제가 파악하지 못했네요"라고 슬쩍 책임을 미루는 상사.

회사에서는 밝고 명랑하지만 밤마다 불평 섞인 메시지를 보내는 직장 동료. 피곤해서 그만 집에 돌아가고 싶은데 "자네는 나중에 어떤 사람이 되고 싶은가?"라고 열심히 코칭하려는 상사 등······.

이러한 '언뜻 보기에 좋은 사람'을 만나면 괴로운 이유는 당신을 힘들게 하는 그런 행동의 대부분에는 '나쁜 의도'가 없기 때문입니다. 자신의 태도가 타인에게 상처를 주고 있다는 것조차 전혀 알아차리지 못하는 경우도 있어요.

또 말 그대로 '좋은 사람'이기 때문에 '이런 점이 싫다!', '이런 점이 힘들다'라고 명확하게 '나쁜 점'을 찾아내기 어려워서 구체적으로 지적하기 힘들다는 것도 하나의 특징입니다.

그래서 당신이 마음을 먹고 불만을 호소하더라도 그 말을 들은 본인은 받아들이지 못하지요. 또 주변 사람들에게 "저 사람 때문에 힘들어"라고 상담을 하고 싶어도 "응? 어떤 점이? 좋은 사람처럼 보이던데"라고 말하기 때문에 **당신이 느끼는 위화감을 이해하는 사람을 찾기 어렵습니다.**

어쩌면 당신과 같은 생각을 하는 사람이 있을지도 모르지만, '언뜻 보기에 좋은 사람'에 대해 품고 있는 마음을 겉으로 드러내는 사람이 많지 않아서 당신의 생각에 공감하는 사람을 발견하기 힘들었을 거예요.

'언뜻 보기에 좋은 사람'은 사교성도 좋기 때문에 주위로부터 좋은 평가를 받거나 높은 직급에 있는 사람도 상당수 있습니다. 대부분 '좋은 사람'이라고 생각하는 사람에게 불만을 말하기도 어렵지요. 항의를 하면 당신의 입장이 난처해질 위험이 있기 때문입니다.

당신은 '언뜻 보기에 좋은 사람'을 만나면 '싫다'라고 명확하게 느낄 거예요. 하지만 '저 사람은 좋은 사람인데'라는 갈등이 생기면서 감정은 계속 풀리지 않습니다.

당신은 점차 '이렇게 좋은 사람을 싫어하다니 내가 잘못된 거야'라고 생각하기 시작하면서 '싫다'라고 느껴지는 감정을 억제하려고 하지요. 그렇게 되면 점점 에너지를 사용하게 되어 '소모 피로'가 쌓이게 됩니다.

● 감정을 인정하면 편해진다!

저는 육상자위대 최초의 심리간부로서 20년 동안 수많은 위생대원(군의관, 간호사, 응급구조사)과 유격대원을 지도하였습니다. 2015년 육상자위대에서 정년퇴직한 후, 멘털레스큐협회에서 시니어 강사로서 심리 상담 훈련과 강연 활동을 하면서 재해나 사고 같은 참사 이후의 대처와 자살 유가족 관리 등 그동안 현장에서 쌓아온 감정 관리법에 대해 널리 알리고 있어요.

그리고 카운슬러로서 다양한 직종, 연령의 내담자들을 대상으로 상담을 진행하고 있습니다.

그들 중에는 몸과 마음의 에너지가 줄어들어서 '아무것도 하고 싶지 않다'라고 느끼는 사람이나 '피곤한데도 잠이 오지 않는다', '자기 자신을 계속 자책한다'라는 우울함에 빠져 고민하는 사람이 많습니다.

직장에서 주변 사람들도 알아차릴 정도로 심한 직장 내 괴롭힘을 당해서 마음이 우울해진 사람도 있어요. 또한 이 책에서 이야기하는 **'언뜻 보기에 좋은 사람'에게 서서히 에너지를 빼앗겨도 '힘내자', '다시 해보자', '신경 쓰지 말자'라고 계속 노력한 결과, 에너지가 바닥나버렸다**는 사람이 많습니다.

당신도 '주변 사람들과 잘 지내야 한다', '이런 일로 불평해서는 안 된다'라고 자신을 다스리며 참고 견디거나, 분노와 불안이라는 부정적인 감정을 인정하는 것을 무심코 소홀히 하고 있지는 않나요. 저는 내담자들이 그런 마음의 습관을 바꾸도록 다양한 방법을 통해 도움을 주고 있습니다.

멘털 트레이닝에 대한 다양한 서적이나 실천법이 있지만 대부분은 서양의 정신건강 관리법입니다.

동양인은 서양인과 사고방식이 다릅니다. 인내심이 강하고 불안을 쉽게 느끼는 동양인에게 맞는 방법을 찾아야 할 필요가 있어요. 저는 육상자위대 대원들이나 일반 내담자들을 대상으로 여러 각도에서 상담을 진행한 결과, '이런 방법은 도움이 된다'라고 느꼈던 것만 이 책을 통해 소개하려고 합니다.

세상에는 정보가 넘쳐나지요. 당신이 마음을 가다듬고 싶을 때 '이렇게 되고 싶다'라는 목표와 '그렇게 되기 위해서는 이렇게 하면 된다'라는 방법에 대한 수많은 정보를 찾을 수 있습니다. 그렇지만 직접 실천해보면 좀처럼 잘되지 않을 거예요.

이를테면 화를 내지 않기 위해서는 '상대방의 관점에서 생각해보자', '저 사람에게도 나름대로 이유가 있을 거야'라고 생각해보는 게 중요하다는 것까지는 알 수 있습니다. 하지만 화가 나서 자신이 지쳐 있을 때 어떻게 하면 상대방의 관점에서 생각하는 습관을 몸에 익힐 수 있을까요. 저는 멘털 트레이닝 전문가로서 힘들지 않게 연습하는 방법을 항상 연구하고 있습니다.

● 상대방은 '언뜻 보기에 좋은 사람'이라서 대처하기 어렵다

당신은 '저 사람은 좋은 사람인데, 같이 있으면 왜 이렇게 지치는 걸까'라고 신경이 쓰일 거예요. 그 명백한 이유는 한마디로 '도망가기에 너무 늦어버렸기 때문이다'라고 말할 수 있습니다. '좋은 사람이 피곤하게 느껴진다'라는 것은 '한눈에 보기에도 나쁜 사람과 같이 있어서 피곤하다'라는 것보다 더욱 심각한 상태입니다.

저는 **사람에게 가장 무서운 것은 인간**이라고 생각해요. 정보가 넘쳐나고 편리한 문명사회에서 살아가고 있지만, 우리에겐 본질적으로 원시인이었을 때부터 몸에 배어 있었던 본능적인 감각이 있습니다. 살아남기 위해 서로 식량을 빼앗고, 무리 속에서 자신의 뛰어남을 주장하려는 본능이 인간의 마음에는 지금도 남아 있어요. 그래서 위험하다고 느껴지는 사람과 되도록 거리를 두려고 하고 그와 떨어져 있어야 안심할 수 있어요.

그러나 현대 사회에서는 '모든 사람과 사이좋게 지내야 한다'라는 이상적인 생각만이 강조되어서 자신의 속마음은 '숨겨야 하고 참아야 하는 것'으로 여깁니다.

이런 이상적인 생각이 마음속에 있기 때문에 상대방이 '언뜻 보기에 좋은 사람'이라도 그 표면적인 정보만을 믿어버려요. 그리고 상대방이 '당신을 힘들게 하는 부분'을 알아차리지 못하고 결국 상대방을 싫어하는 자신의 생각을 바꾸려고 합니다.

그럼 '언뜻 보기에 좋은 사람'에게 우리는 어떤 식으로 대처해야 할까요. 당신이 지금 인간관계 문제로 서서히 피해를 입고 있다면 가장 먼저 자신의 '괴로움'을 인정해야 합니다.

지쳐버린 자신의 상태에 맞춰 무리하지 않는 방법으로 감정을 느껴보거나 사건을 파악하는 방법을 바꿔보면 괴로움이 줄어들 거예요.

그런 다음 '사람'에 대한 전반적인 기대치를 조금 낮춰봅시다. 인간은 각자 필사적으로 살아남기 위해서 자신만의 '행동 양식'을 만들어왔어요. 그것은 결코 완벽한 것이 아니라서 누구나 한쪽으로 치우쳐 있거나 완전하지 않은 부분을 가지고 있습니다. 이러한 시각으로 인간을 바라볼 수 있게 되면 자신에게도 타인에게도 상냥해질 수 있어요.

이 책에서는 감정, 에너지, 불안, 피로 등 우리의 고민과 밀접한 관련이 있는 키워드를 단서로 '감정의 메커니즘'에 대해 설명하고 있어요. 그 구조를 알게 되면 '언뜻 보기에 좋은 사람' 때문에 고민하는 일이 줄어들 뿐만 아니라, **자신의 일상적인 몸과 마음을 관리하는 방법, 스트레스를 마주하는 방법 등 다양하게 응용할 수 있습니다.** 이 책을 반복해서 읽으면서 그 방법을 날마다 실천하고 연습해보세요.

● ●이 책의 사용법

제1장에서 당신이 '언뜻 보기에 좋은 사람'에게 어떤 식으로 에너지를 빼앗기는지 알기 쉽게 설명하고 있습니다.

사실 **'언뜻 보기에 좋은 사람'은 사이코패스보다도 만만치 않은 상대예요.** 사이코패스는 타인의 에너지를 빼앗는다는 것을 미리 알아차릴 수 있지만 '언뜻 보기에 좋은 사람'은 이를 깨닫기 쉽지 않습니다. 에너지를 빼앗기더라도 도망갈 방법을 찾기 힘들어서 저온 화상처럼 상처가 깊어지고 회복에도 오랜 시간이 필요하지요. 이 장을 읽고 나면 '저 사람을 만나면 화가 나고 불안해지는 것은 당연했구나'라고 이해할 수 있을 거예요.

제2장에서는 본래 우리 인간은 무엇 때문에 고통을 느끼는지 그 원인을 생각해보고 자신의 '감정'에 대해 자세히 살펴보도록 합시다.

나아가 제3장에서는 '소모', '경계', '자기혐오'라는 세 가지 '고통'을 알아보고 당신이 느끼는 고통의 정체가 무엇인지 똑바로 보도록 합시다.

제4장에서는 드디어 '언뜻 보기에 좋은 사람'에 대한 유형별 대처법을 살펴볼게요. 그들과 적절한 거리를 유지하려면 어떻게 해야 할까요. 또 거리를 유지하기 어려운 경우라면 어떻게 그들로부터 도망가면 좋을까요. '언뜻 보기에 좋은 사람'을 꼼짝 못 하게 만드는 한마디는 무엇일까요. 이러한 구체적인 대처법에 대해 제가 평소에 상담을 진행하는 방법과 같은 방식으로 설명하고 제안합니다.

제5장에서는 '언뜻 보기에 좋은 사람'이 당신을 피곤하게 만들지 못하도록 평소에 실천할 수 있는 '자기 관리법'에 대해 소개할게요. 오늘부터 꼭 실천하기를 추천하는 몸과 마음을 가다듬는 방법을 알려드립니다.

'언뜻 보기에 좋은 사람' 때문에 계속 괴로움을 느꼈던 당신은 그동안 **자신도 모르는 사이에 얼마나 그에게 통제를 받고 있었는지 새롭게 알게 될 것입니다.** 그리고 당신은 절대로 무력하지 않으며 자신이 할 수 있는 방법이 많다는 것을 발견할 수 있을 거예요.

이 책을 통해 당신이 '소모 피로'에서 벗어나 지금보다 더 여유롭고 기분 좋은 날들을 보낼 수 있기를 바랍니다.

그럼 지금부터 이야기를 시작해볼게요.

차례

제 5 장
[언뜻 보기에 좋은 사람]에게
휘둘리지 않기 위한 자기 관리법

제 1 장

당신의 에너지를 빼앗는

에너지 뱀파이어

사실은 피곤하지 않냐옹?

'언뜻 보기에 좋은 사람'은 좋은 사람일까

제1장의 제목이 무엇을 뜻하는지 잘 모르겠다고 생각하는 사람도 꽤 있을 거예요.

이 책을 읽고 있는 당신도 혹시 '언뜻 보기에 좋은 사람'을 만나면 화가 나고, 마음이 어수선하거나 몹시 지쳐 괴롭지 않나요? 사실 **그런 감각은 무시해서는 안 되는 매우 중요한 신호**랍니다.

왜냐하면 그 감각은 당신이 지금 에너지를 소모하고 있다는 것을 전해주고 있기 때문이지요.

'언뜻 보기에 좋은 사람'이 왜 당신을 피곤하게 만드는지 이야기하기 전에 먼저 알아야 할 것이 있습니다. 바로 우리의 에너지에 대한 것이에요.

인간을 자동차에 빗대어 표현하면, 에너지란 자동차를 움직이는 연료와 같다고 할 수 있습니다. 먹고 자고 움직이고, 생각하거나 이야기를 주고받는 모든 생명 활동이 에너지와 관련이 있지만 우리는 이를 깨닫지 못하고 있지요.

바꾸어 말하면 에너지는 인간이 살아가는 데 필요한 힘이라고도 할 수 있습니다. 아침에 일어나서 잠들 때까지 우리를 움직이게 해주는 원동력이 되는 것은 물론, 무언가를 선택하거나 판단하고 동기부여를 높이기 위해서도 에너지는 필요해요.

특히 에너지는 스트레스가 가득하고 복잡한 관계 속에서 일상을 살아가는 당신에게 '인간관계 문제를 대처하고 극복하는 힘', '어려운 일이 있어도 다시 일어서는 힘'의 원천이 됩니다.

이러한 에너지를 공급하는 데 가장 중요한 것은 수면이에요. 그러나 **에너지를 소모하면 잠을 자는 데 필요한 체력도 떨어져서 깊은 잠을 자지 못하거나 잠을 자도 피로가 풀리지 않게 됩니다.**

에너지는 인간관계가 원만하지 못해 스트레스를 받거나 과로와 수면 부족이 계속되면 점점 줄어들어요.

또 여성의 경우에는 임신이나 출산, 갱년기, 생리 주기에 따른 호르몬의 변화에 의해서도 많은 에너지가 소비됩니다.

이처럼 인간은 매일 끊임없이 에너지를 소모하고 상황에 따라서는 더 많은 에너지를 사용하기도 해요. 그 결과 에너지는 우리의 정신건강에도 큰 영향을 미치게 됩니다.

정체를 알아차리지 못하면 도망갈 기회를 잃어버린다

그런데 인간관계 속에서 에너지를 빼앗는 사람이라고 하면 '사이코패스'가 떠오르지 않나요?

사이코패스는 언뜻 보면 재능이 뛰어나고 매력적이지만, 태연하게 거짓말을 하면서도 양심의 가책을 느끼지 않고 쉽게 남을 속이는 사람이에요.

사이코패스 기질을 가진 사람은 타인을 통제하고 이용하는 일에 능숙하며 때로는 냉혹한 판단을 내리기도 합니다. 정치인이나 경영자처럼 조직을 통솔하는 사람, 환자의 생명이 위태로운 상황에서 빠른 판단을 내려야 하는 외과 의사, 세상을 움직인 역사적 인물 중에는 사이코패스가 많다는 주장도 있어요.

사이코패스의 목표물이 되어 통제를 받으면 항상 그에게 휘둘려서 에너지를 소모하게 됩니다. 사이코패스 기질을 가진 사람과 어울리는 일은 몹시 힘들지요.

다행히 그의 말과 행동은 눈에 잘 띄어서 '저 사람은 위험해 보이네. 가까이하지 않도록 해야지'라고 미리 예방책을 세울 수 있습니다.

그렇다면 '언뜻 보기에 좋은 사람'의 경우는 어떨까요?
사이코패스처럼 눈에 띄게 '위험하다', '무섭다'라는 느낌은 전혀 없습니다. 겉으로는 아주 평범해 보여서 알아차리기 쉽지 않아요.
겉모습이나 분위기는 말 그대로 '언뜻 보기에 좋은 사람'이라서 친해지기 전까지는 당신을 지치게 하는 사람이라고 미리 눈치채기 어렵습니다. 그와 함께 시간을 보내는 동안 당신은 서서히 에너지를 빼앗기게 되지만, 이를 깨닫지 못해 도망갈 방법을 찾기 힘들지요.
결국 도망가기엔 너무 늦어버리는 것입니다.

사람한테 서서히 입는 피해는 '저온 화상'과 같다

당신은 '언뜻 보기에 좋은 사람'으로부터 도망갈 방법을 찾지 못하고 서서히 피해를 입고 있는데도 이를 깨닫기 쉽지 않을 거예요. 이러한 상태는 마치 '저온 화상'과 비슷합니다.

얕은 화상은 통증과 같은 자각 증상이 뚜렷하지만, 깊은 화상일수록 통증이 느껴지지 않아서 심각한 상태에 이르기 쉽다고 해요.

사이코패스처럼 '위험'이 눈에 잘 띄는 경우에는 만지면 금방 '앗, 뜨거워!'라고 느껴지기 때문에 재빨리 손을 떼면 심한 화상을 입지 않습니다. 즉시 치료하면 상처도 쉽게 낫지요.

한편, 보온 물주머니나 핫팩처럼 비교적 온도가 낮은 물건에는 적당히 기분 좋은 온기가 있습니다.

'언뜻 보기에 좋은 사람'은 이처럼 표면적으로는 '아, 따뜻해'라고 느껴지는 기분 좋은 사람이에요. 그 기분 좋음이란 '사랑받고 있어', '저 사람과 함께라면 성장할 수 있을 거야', '내가 지켜줘야 해'라는 당신의 소망과 관련이 있습니다.

기분 좋은 온기가 즉시 손을 떼기 어렵게 만들어서 어느새 피부 깊숙
한 곳까지 손상을 입게 되는 거예요.
'언뜻 보기에 좋은 사람'은 '저온 화상'처럼 당신에게 상처를 줍니다.
저온 화상은 피부 안쪽의 조직까지 파괴하므로 회복에도 오랜 시간이
필요하지요.
지금 '언뜻 보기에 좋은 사람' 때문에 괴로움을 느끼고 있다면 '내가 입
은 피해가 생각보다 크구나'라고 깨닫길 바랍니다.

죽고 싶다는 생각이 드는 것은 에너지 때문이다

첫머리에서 '언뜻 보기에 좋은 사람'은 당신의 에너지를 빼앗는다고 했습니다.

저는 내담자들을 대상으로 상담을 진행할 때면 **'인간이란 고민을 해결하지 못해서 괴로움을 느끼는 게 아니라 에너지가 줄어들어서 괴로워하는구나'**라는 생각이 들곤 합니다.

사실 괴로움 자체에 접근하기보다는 에너지를 회복하는 일을 최우선으로 생각해야 합니다. 그렇게 하면 여러 일을 힘들지 않게 처리할 수 있어요.

인간은 피곤할수록 고집을 부리는 경향이 있어서 '나는 지치지 않았어!'라고 자신의 피로를 인정하지 않으려고 합니다.

그래서 저는 어떻게 하면 그들의 몸과 마음을 충분히 쉬게 할 수 있을지에 초점을 맞춰 상담을 진행하고 있어요. 내담자들은 제대로 된 휴식을 취하고 난 다음 에너지를 되찾았을 때, 비로소 '에너지 회복이 이렇게 중요하구나'라고 느끼게 됩니다.

에너지를 다 써버린 상태를 '우울함'이라고 해요. 우울함에 빠지면 식욕이 없어지고 모든 일에 의욕도 사라질 뿐만 아니라 깊은 잠을 자지 못해서 더욱 피곤해집니다. 또 평소에는 아무렇지 않게 하던 일을 갑자기 할 수 없게 되어 몹시 괴로울 거예요.

죽고 싶다는 생각이 드는 것은 에너지가 바닥나버렸기 때문입니다. 눈물이 멈추지 않을 정도로 감정을 억누를 수 없게 되거나, 감정 그 자체가 일어나지 않기도 하지요. 이러한 상태가 되면 '우울증'이라는 진단이 내려집니다.

자동차 연료계처럼 에너지가 어느 정도 채워져 있는지 눈으로 직접 확인할 수는 없어요. 우리가 알아차리지 못하는 동안 에너지는 계속 줄어들고 있습니다.

'화가 난다', '불안하다', '초조하다'라는 감정은 그 자체만으로도 우리의 에너지를 빼앗지만, 감정을 억누르려고 하면 더 많은 에너지를 소모하게 돼요. **감정을 억누르는 일에도 에너지가 필요합니다.**

'언뜻 보기에 좋은 사람' 때문에 괴로움을 느끼고 있는 사람은 '저 사람이 싫어'라는 부정적인 감정에 따른 소모와 '저 사람을 싫어하면 안 돼. 좋은 사람이야'라고 **감정을 억누르려는 갈등으로 인해 에너지를 두 배로 쓰게 돼요. 이러한 '소모 피로'가 고통을 느끼게 합니다.**

'언뜻 보기에 좋은 사람'이 당신을 피곤하게 만들면 마음속에서는 어떤 일이 일어날까요? 인간은 눈앞에 있는 상대방을 '좋은 사람' 혹은 '나쁜 사람' 둘로 나누어 생각하려는 경향이 있습니다.

누구나 자신도 모르는 사이에 상대방이 '좋은 사람'인지, 그렇지 않으면 자신에게 해를 끼칠 수도 있는 '나쁜 사람'인지 판단하지요. 이는 자연스러운 현상입니다.

인간은 에너지를 소모해서 피곤해지면 사물을 '이분화'하고 싶어 해요. 이것을 심리학에서는 '흑백논리'라고 부릅니다.

에너지가 넘칠 때는 조금 힘든 일이 생겨도 감정과 문제를 분리해서 판단하며 '저 사람에게도 좋은 점이 있을 거야'라고 유연하게 생각할 수 있어요.

그러나 에너지가 줄어든 상태에서는 행동하거나 생각하는 게 귀찮아집니다. 이럴 때 불분명한 상태는 몹시 부담을 느끼게 하지요. 중립을 인정하지 않고 사물을 흑과 백으로만 구분하려는 게 바로 '흑백논리'입니다. 흑인지 백인지 이분화하면 사물은 언뜻 단순하게 보이니까요.

분명하지 못한 상황에 대해서는 충분히 생각해야 하는 만큼 많은 에너지를 소모합니다. 얼마 남지 않은 에너지를 가지고 상대방이 머릿속에 떠오를 때마다 판단을 하려면 몹시 괴로울 거예요.

그에 비해 '저 사람은 좋은 사람이야' 혹은 '저 사람은 나쁜 사람이야'라고 나누어버리면 더는 생각하지 않아도 됩니다.

마음이 우울해지면 불분명한 상태를 참지 못하고 '회사를 그만둘래', '이직할래'라고 감정에 치우친 판단을 내리기 쉬워져요.

아무리 '저 사람은 좋은 사람이야'라고 생각하더라도 100퍼센트 좋은 점만 가지고 있는 사람은 없을 거예요. 누구나 '나쁜 점'이 있는데, 이것이 바로 인간다움이지요.

저는 상담이나 강연을 할 때 입버릇처럼 "어떤 일이라도 정도의 문제입니다"라고 말합니다. 그 '정도'를 무시하고 '얼마나 나쁜지 옳고 그름'을 따지고 싶어 하는 것은 당신이 지금 에너지를 소모하고 있다는 신호입니다.

제가 '인간이란 고민을 해결하지 못해서 괴로움을 느끼는 게 아니라 에너지가 줄어들어서 괴로워하는구나'라고 생각하게 된 것은 이 때문이지요.

먼저 에너지를 회복하는 일을 최우선으로 하다 보면 적이라고 생각했던 상대방의 '나쁜 점'도 '인간이니까 그럴 수도 있지', '저 사람도 피곤해서 그랬을 거야'라고 너그럽게 받아들이게 될지도 모릅니다.

하지만 그런 관점은 당신이 에너지를 되찾았을 때 비로소 보이기 시작하지요.

제가 추천하는 에너지 회복을 위한 '휴식법'에 대해서는 제5장에서 자세히 살펴보겠습니다.

좋은 사람의 장점과 단점은
사실 동전의 양면과 같다

지금부터 당신의 마음을 사로잡는 '언뜻 보기에 좋은 사람'이란 어떤 사람인지 새롭게 살펴보도록 합시다.

특별히 나쁜 점은 없어 보이는데 왜 당신은 '언뜻 보기에 좋은 사람'에게 에너지를 빼앗기는 걸까요? 좋은 사람에 대한 정의는 사람마다 다르겠지만 먼저 당신이 생각하는 '좋은 사람'이란 어떤 사람인지 정리해봅시다.

● 당신이 생각하는 '좋은 사람'이란? 그 특징을 적어봅시다.

예)

    ○ 잘 보살펴준다, 친해지기 쉽다, 온순하고 부드럽다,
부탁을 잘 들어준다, 목적을 이루기 위해 참고 견딘다,
꾸짖거나 참견하지 않는다, 머리가 좋다, 재능이 뛰어나다

정리된 특징을 살펴보니 여기에 적힌 사람 중에 나쁜 사람은 없는 것 같습니다. 이런 장점에 사로잡혀 '저 사람과 더 친해지고 싶어!', '저 사람과 함께라면 열심히 일할 수 있을 거야!'라고 느끼는 것도 자연스럽죠.

하지만 인간은 그리 단순하지 않습니다. '좋은 사람'이라고 생각했던 '장점'이 서서히 당신을 지치게 하는 '단점'이 된다면 어떨까요?

장점을 하나하나 뒤집어 생각해봅시다. 관심이 지나치면 얽매이는 듯한 느낌이 들어서 괴로울 거예요. 성격은 온화하지만 속으로 무슨 생각을 하는지 도무지 알 수 없는 사람도 있습니다. 부탁받은 일은 거절하지 않지만, 결과물을 보면 실수가 많아서 결국 당신의 업무량을 늘려준 사람은 없나요?

어떤 사람이 혼자서 많은 일을 끌어안고 버티다가 갑자기 화를 내버린다면, 당신은 그에게 휘둘리게 될지도 모릅니다. 잔소리는 심하지 않지만 당신에게 아무런 조언과 방향성도 제시해주지 않으면서 이래라저래라 간섭하는 사람은 없나요? 뛰어난 재능이 있지만 변덕스럽고 즉흥적인 사람은 타인을 마음대로 휘두르기 때문에 주변 사람들을 피곤하게 만듭니다.

어떻습니까? 모두 당신을 지치게 하는 '단점'이지 않나요? 당신은 상대방의 그런 모습에 자신도 모르게 '부정적인 감정'을 느낍니다.

인간은 사회생활을 할 때 반드시 여러 개의 페르소나(외적 인격)를 형성해요. **누구나 맨 처음에는 상대방에게 좋은 점을 보여주기 위해서 '가면'을 뒤집어쓰는 것입니다.** 그러나 차츰 상대방과 거리가 가까워지면 가면을 벗고 민낯을 보여주지요. 페르소나와 본모습의 차이가 클수록 그만큼 큰 충격을 받습니다.

좋았던 사람의 나쁜 점이 갑자기 보이기 시작했다

'좋은 사람'이라고 생각했던 이의 '장점'은 맨 처음에는 매혹적으로 보여요. 그러나 본모습과는 많은 차이가 있어서 당신의 갈등은 커져만 갑니다.

우리는 어떤 사람의 첫인상이 평범하면 그에게 큰 기대를 하지 않아요. 나쁜 점이 보여도 '뭐 그 정도야, 원래부터 기대하지 않았어'라고 너그럽게 받아들일 수 있습니다.

하지만 첫인상이 좋을수록 상대방에게 바라는 기대치도 한껏 높아지죠. '멋진 사람을 발견했어!'라고 생각한 만큼 현실을 알게 되었을 때 그 당혹감도 커집니다.

연인 사이에서도 '저 사람은 좋은 사람이야'라고 생각하면 맨 처음에는 장점만 빛나 보여요. 얼핏 나쁜 점이 드러나더라도 그 눈부심 때문에 단점으로 보이지 않습니다.

애인뿐만 아니라 직장에서도 사람이나 환경에 익숙해지면 '처음에는 이렇지 않았는데!'라고 나쁜 점이 보이기 시작한 경험은 누구에게나 있을 거예요.

이렇게 다른 사람의 마음을 사로잡는 매력이 있다는 것이 '언뜻 보기에 좋은 사람'의 특징입니다.

여담이지만 어떤 사람에 대한 인식이 '좋은 사람'에서 순식간에 '나쁜 사람'으로 변하면 상대방을 매우 심하게 비난하는 정신 질환을 '경계성 성격장애'라고 해요.

이러한 성격장애가 있는 사람은 특정 사람에게 '내가 찾던 이상적인 사람이야'라고 접근합니다.

그러나 자신이 생각했던 이상적인 사람이 아니라는 것을 인식한 순간 '저 사람은 나쁜 사람이야'라고 상대방을 비난하거나 주변 사람들에게 험담을 하지요.

경계성 성격장애를 가진 사람도 '언뜻 보기에 좋은 사람'처럼 다른 사람의 마음을 사로잡는 사람이라서 미리 눈치채기 쉽지 않습니다.

어떤 사람을 이상적인 사람이라고 떠받들더니 갑자기 나쁜 사람이라고 비난하기 때문에 듣는 상대방도 그에게 휘둘려서 몹시 피곤해져요.

하지만 이러한 성격장애가 있는 본인도 '이상적인 사람'을 찾아다니며 실망하기를 반복하면서 에너지를 소모하기 때문에 우울함에 빠집니다.

본론으로 다시 돌아가 봅시다. 정도의 차이는 있지만 인간은 함께 생활하는 사람의 이상과 현실 사이의 차이를 느끼게 되면 상대방을 어떻게 해서든 바꾸어 놓아야 자신의 마음이 편해져요.

그렇지만 인간의 성격은 하루아침에 만들어진 게 아닙니다.

그동안 만났던 사람이나 환경 속에서 필사적으로 살아남기 위해서 자신만의 '행동 양식'을 만들어 온 거예요. 성격은 잘 변하지 않습니다.

당신은 계속 다른 사람의 성격을 바꾸려고 여러 계획을 세우며 헛수고를 하다가 결국 그에게 휘둘려서 에너지를 자꾸 소모하게 돼요.

그렇게 되면 점점 자신을 피곤하게 만드는 상대방이 싫어집니다.

그 사람이 마음에 들지 않고 밉다는 생각이 들 때 제삼자가 나의 괴로움에 '공감'하면 마음이 편해져요.

그런데 상대방은 '언뜻 보기에 좋은 사람'이라서 주위에 '좋은 사람'이라는 이미지가 있습니다. "나는 저 사람이 싫어!"라고 말하고 싶어도 주변 사람들이 당신의 괴로움을 이해하지 못하지요.

설령 주변 사람들에게 속마음을 말했더라도 "그래? 좋은 사람이라고 생각했는데"라며 그 말에 공감하지 못합니다. 그렇게 되면 당신의 괴로움을 해소할 곳이 없어질 거예요.

오히려 **당신은 모두가 좋아하는 사람의 험담을 했다는 이유로 외톨이가 되어버릴지도 모른다는 두려움마저 느끼게 될 것입니다.**

'언뜻 보기에 좋은 사람'은 능력이 있어도 누군가에겐 문제

당신을 괴롭게 하는 '언뜻 보기에 좋은 사람'이 유능한 경우, 자신과 '비교'를 하며 피로를 느끼게 됩니다.

인간은 어떤 상황에서도 반드시 자신을 다른 사람과 비교하여 평가합니다.

예를 들면, 직장에서 '작업 환경 개선에 대한 아이디어'를 한 사람씩 발표하기로 했다고 가정해봅시다.

당신은 '과연 내가 할 수 있을까' 불안할 거예요. 자신도 인식하지 못하는 순간에 '도저히 못 하겠어'라든가, '몇 가지 아이디어는 준비할 수 있을 거야'라고 스스로 평가합니다.

'자기 평가'를 하기 위해서는 기준이 되는 '비교 대상'이 필요하지요.

비교 대상인 직장 동료가 "귀찮아. 주말에도 회의라니 우울해"라고 불평을 한다면, 당신은 '나만 힘든 게 아니구나. 뭐 어떻게든 될 거야'라고 낙관적으로 생각합니다.

하지만 비교 대상이 뛰어난 능력이 있으면서 불평을 전혀 하지 않는 '좋은 사람'이라면 어떨까요? 갑자기 당신이 넘어야 할 장애물이 높아지면서 '나는 불평만 하고 있네……'라고 자신을 낮게 평가합니다. **'저 사람은 어렵지 않게 아이디어를 준비하는데 나는 안될 거야'라고 생각하면서요.**

인간은 각자 자신만의 속도가 있습니다. 하지만 사회에서 일을 하거나 사람을 사귈 때는 자신도 모르는 사이에 주변 사람들과 속도를 맞추려고 하지요.

비교 대상이 이른바 '능력 있는 사람'이라면 당신은 어느새 자신의 능력 이상으로 애쓰고 있을지도 모릅니다.

이를 깨닫지 못하고 계속 달리다 보면 조금씩 에너지를 잃어 심한 피로를 느끼게 될 거예요. 그렇게 되면 평소에 보람을 느끼던 일에 의욕이나 흥미를 잃어버리거나, 주변 사람들과 당신의 속도를 맞추지 않고 마음대로 달리는 그 사람이 미워집니다.

능력 있는 상사나 부모가 버겁게 느껴지는 것은 이러한 메커니즘 때문이에요. '긍정적인 분위기를 강조하는 유능한 일꾼만 모인 직장'에서 이처럼 남몰래 피곤한 사람이 있습니다.

좋은 사람처럼 보이는데 만나면 피곤한 이유

　　좋은 사람처럼 보이지만 당신에게 뭔가 대가를 바라는 사람처럼 느껴지지 않나요? 온화한 사람처럼 보이지만 왠지 나를 공격하려고 등 뒤에 무기를 숨기고 있지 않을까 불안해집니다. 능력이 뛰어난 사람처럼 보이지만 함께 있으면 자신이 무능력해지는 기분이 들기도 하지요. 모두 당신을 괴롭게 하는 사람입니다.

당신이 어떤 사람에게 '부정적인 감정'을 느꼈다면 그런 감각을 억누르지 않는 게 중요해요. '부정적인 감정'은 자기 자신을 지키려는 '경계 센서'가 작동하고 있다는 뜻이기 때문입니다.
아무리 머리로 '저 사람은 좋은 사람이야……'라고 자신을 설득하려 **해도 자신도 모르는 사이에 그에게 항상 경계심을 품게 될 거예요.**

'언뜻 보기에 좋은 사람'을 만나면 피곤한 이유는 당신의 에너지가 줄어들어서 '경계 피로'를 느끼기 때문입니다. 게다가 '저 사람은 좋은 사람인데 싫어하면 안 돼'라고 자신을 자책하기 때문이지요.

제2장에서는 '언뜻 보기에 좋은 사람'을 만나면 당신의 몸과 마음에서 어떤 반응이 일어나는지 구체적으로 살펴봅시다.

'언뜻 보기에 좋은 사람'에게 대처하는 방법을 생각하기 전, 나에게 무슨 일이 일어나고 있는지, 자신을 어떻게 보살펴야 하는지부터 알아야 합니다.

그다음 '언뜻 보기에 좋은 사람'에게 대처하는 방법에 대해 설명하겠습니다.

제 2 장
어수선한 마음은
감정의 외침이다

인간의 감정은 상황에 따라 끊임없이 움직이는 것

'언뜻 보기에 좋은 사람' 때문에 괴로움을 느껴도 당장 그 사람과 거리를 두기란 쉽지 않지요. 갈등하는 동안 당신은 이미 저온 화상처럼 심한 손상을 입은 상태일지도 모릅니다.

그에게 받은 상처를 회복하고 다시 피해를 입지 않기 위해서는 왜 '상처'를 받았는지에 대해 객관적으로 생각해볼 필요가 있어요.

제2장에서는 당신은 '언뜻 보기에 좋은 사람'에게 왜 상처를 받고, 어떤 피해를 입는지 살펴보겠습니다.

제1장에서 '언뜻 보기에 좋은 사람'이 에너지를 빼앗아 어느새 당신은 지쳐버렸고, 괴로움을 느낀다고 했습니다.

저는 그동안 상담을 진행하면서 여러 사람의 인생 이야기를 들었어요. 육상자위대에 소속되어 있던 시절에는 국제연합 평화유지활동(PKO)에 참여하거나 재해로 피해를 입은 사람들을 만났습니다. 그들을 통해 매우 어려운 상황 속에서 인간은 어떤 모습을 보이는지 알게 되었어요.

그 결과 '인간에겐 동물적인 본능이 있다'라는 것을 깨달았습니다. **인간은 피로(에너지 손실)에 따라 기분이 변할 뿐만 아니라 의견도 쉽게 바뀌는 존재**랍니다. 인간의 감정은 일관되게 유지할 수 있는 게 아니라, 어떤 사건이나 상황을 만나는가에 따라 끊임없이 움직이기 마련이지요.

저는 항상 상담을 진행할 때 "원시인이 살았던 시대로 돌아가 봅시다"라고 말합니다.

원시인 모드로 생각해보면 '상식적으로는 이렇다', '나는 이렇게 대처한다', '보통은 이렇게 해야 한다'라는 식으로, 이론적으로 받아들이기만 했던 요소가 없어져 인간의 감정을 보다 단순하게 파악할 수 있어요.

제가 인간의 감정을 '원시인 모드'로 생각하게 된 것은 육상자위대 최초의 심리간부가 되고 나서부터입니다. 심리학에 대한 수많은 자료를 찾던 중 한스 셀리에라는 내분비학자의 '스트레스 학설'을 알게 되었어요.

그는 '인간의 스트레스 반응은 자신에게 해로운 외부 자극에 대한 정상적인 반응이며, **스트레스 반응이 있기 때문에 우리는 생명을 유지할 수 있다**'라고 주장합니다.

우리가 부정적인 감정이라고 여기기 쉬운 '분노'나 '공포' 또한 정상적인 반응이라고 해요. 인간의 마음속에 이러한 감정이 들면 혈압이 상승하고 심박수와 근육의 긴장도가 증가하는 신체 증상이 나타납니다. 스트레스 반응도 적과 싸워서 자기 자신을 지키기 위한 무의식적인 자기방어 본능이라고 셀리에는 말합니다.

저는 '모든 감정은 자기 자신을 지키기 위해서 일어나는 반응이다'라는 근본적인 메커니즘을 통해 인간의 몸과 마음을 이해하고 있어요. 그렇게 생각하면 스트레스 반응을 있는 그대로 받아들이게 되고 부정적인 감정도 이해할 수 있습니다.

현대 사회를 살아가는 우리는 어느새 지식이 풍부해져 '본능이 있다'라는 사실을 쉽게 잊어버립니다.
그러나 자손을 남기기 위해 에너지를 확보하고, 적으로부터 자기 자신을 지키려는 강한 본능이 지금도 인간에겐 변함없이 있어요.
피곤할 때 분노나 불안에 휩싸이는 것은 에너지가 모자란다는 신호랍니다. 이러한 부정적인 감정은 우리가 원시인이었을 때부터 몸에 배어 있었던 본능적인 감각이며 중요한 반응이지요.
원시인에게 '적'이란 맹수를 포함하여 '자신을 죽일 수도 있는' 경계 대상입니다. 위화감을 느끼게 하는 상대방에게 항상 신경을 곤두세우고 경계하게 돼요.

인간은 혼자 있으면 무리로부터 보호받게 될 확률이 낮아지므로 누군가와 함께 생활하려고 합니다.
괴로운 마음을 다른 사람에게 이야기하고 싶어 합니다. 누군가가 자신의 마음을 알아주면 나를 지켜줄 '내 편'이 늘어날 가능성이 커지기 때문이지요.
또 타인과 자신을 비교하며 남을 이기려고 하는 것은 무리 속에서 높은 평가를 받고 강한 존재로 있을수록 더 많은 식량을 받을 수 있어서 살아남을 확률이 높아지기 때문입니다.

적으로부터 나를 지키기 위해 나타나는 몸의 신호들

'언뜻 보기에 좋은 사람'이 당신을 지치게 하면 몸과 마음에서는 어떤 변화가 일어날까요? 원시인이 되었다고 상상해봅시다.

에너지를 소모해서 체력이 떨어지면 적에게 쉽게 공격을 받을 수 있어요. 그래서 언제 나타날지 모르는 적으로부터 자기 자신을 지키기 위해서 다음과 같은 반응을 보입니다.

당신이 생각했던 반응은 어떤 것인가요?

몸이 긴장한다

적의 공격으로부터 언제든지 자기 자신을 지킬 수 있도록 하기 위해서입니다. 만약 당신을 불편하게 만드는 사람이 오른쪽 옆자리에 앉는다면, 오른쪽 어깨나 등이 긴장해서 뻐근해지거나 근육통이 나타나기도 합니다.

부정적으로 생각한다

주위로부터 부정적인 정보만을 받아들이게 됩니다. 불안 요소가 있으면 재빨리 알아차려야 하기 때문입니다.

당신을 불편하게 만드는 사람이 쳐다보기만 해도 '나를 또 비난하려고 한다', '뭔가 지적하려고 감시하고 있다'라는 피해망상에 사로잡히게 되어 그 사람의 목소리나 인기척에도 민감하게 반응하게 됩니다. 적의 공격으로부터 자기 자신을 지키기 위해서입니다.

안절부절못하고 불안하다

마음이 초조한 이유는 '위기를 벗어나기 위한 대책을 마련하지 못하면 죽을지도 모른다'라는 본능적인 불안감 때문입니다.

사소한 일로 쉽게 화를 낸다

위험을 미리 눈치채고 맹수에게 공격을 받으면 즉시 반격할 수 있도록 준비해야 하므로 쉽게 화를 내게 됩니다. 사소한 일에 기분이 상하여 상대방에게 맞서기도 합니다. 적을 '위협'하여 멀리하려는 움직임입니다.

식욕이 없어진다

약간의 식량으로 목숨을 유지해야 하므로 식욕도 줄어듭니다. 음식을 별로 먹고 싶지 않게 됩니다.

잠이 오지 않는다

약해진 원시인에게 밤은 가장 위험한 시간대입니다. 어두워지면 신경이 날카로워지고 불면증이 생깁니다. 작은 소리에도 민감하게 반응하고 깊은 잠을 자지 못합니다.

집 안에만 틀어박혀 지낸다

집 밖의 적을 만날 확률을 줄이기 위해서는 틀어박혀 지내는 것이 가장 좋은 방법입니다. '왠지 회사에 가고 싶지 않다', '그 사람을 만나면 우울하다'라고 느껴져서 집 밖에 나가고 싶지 않습니다.

피곤해서 에너지를 잃어버렸을 때 나타나는 몸과 마음의 상태는 '왜 이렇게 되었지?'라고 당사자를 당황스럽게 만들지요.
그러나 모든 변화는 에너지가 줄어든 자기 자신을 지키기 위해서 일어나고, 생명 유지를 위한 반응임을 알게 되면 이를 받아들일 수 있습니다.

감정에는 저마다 행동과 관련한 '목적'이 있다

몸과 마음은 분리된 것이 아니라 하나로 연결되어 있습니다. 감정은 당신을 위협하는 사건이 생기면 즉시 특정 행동을 효율적으로 취할 수 있도록 몸과 마음을 순식간에 '준비 태세'로 전환해요.

공포라는 감정은 맹수에게 공격을 받으면 일어나게 됩니다. 맹수의 모습을 발견하면 모든 것을 버려두고 도망가는 행동을 보이지요.
맹수의 모습이 보이지 않아도 다시 나타날지도 모른다는 생각이 들어서 작은 소리나 분위기에도 민감해집니다.
머릿속에는 맹수가 갑자기 공격하는 장면이 반복해서 떠올라요. '쉽게 안심해서는 안 돼'라는 생각 때문에 바위나 나무 등 모든 것이 공포의 대상으로 보입니다.

감정에 따라 취해야 할 행동

놀라움 ▶ 상황 변화에 대처하고 준비를 시작하라.

분노 ▶ 적의 공격에 반격하고 위협하라.

공포 ▶ 그 자리에서 도망가라.

불안 ▶ 미래의 위험을 예측하고 행동을 취하라.

후회 ▶ 과거의 행동을 반성하고 어떤 대책을 세워라.

슬픔 ▶ 상처받은 상태이니 틀어박혀 지내라.

사랑 ▶ 육체적 관계를 맺어 자손을 남겨라.

무력감 ▶ 목표 대상과 거리를 두어라.

체념 ▶ 다음 목표를 향해 나아가라.

기쁨 ▶ 안전, 생명 유지를 위해 정보를 함께 나누어라.

질투 ▶ 어떻게 해서든 자신의 몫을 챙겨라.

공포 이외의 감정에도 모두 저마다 다른 목적이 있습니다.

우리의 '몸과 마음'은 여러 상황에 대비하여 이것저것 생각하지 않고 즉시 행동을 취할 수 있도록 준비하고 있지요. 이러한 반응은 본능적인 것입니다.

왜 내 감정은 작은 일에도 자주 목숨을 걸까

우리의 감정은 사느냐 죽느냐 하는 '생명 위기'를 이겨내기 위해서 원시인이었을 때부터 몸에 배어 있었다는 것을 이제는 이해할 수 있을 거예요.

그러나 현대 사회에서는 이러한 감정이 필요 이상으로 민감하게 반응하기 때문에 문제가 되고 있습니다. 맹수도 없고, 식량도 충분하고, 안전한 환경에 있는데도 '작은 위험'에 목숨을 걸 정도의 감정을 느끼기 때문에 우리 몸에서 경보가 울리지요.

예를 들면, 당신을 불편하게 만드는 상사가 있다고 가정해봅시다.
당신이 그 사람을 **'적'이라고 생각하면 상사로부터 조금만 주의를 받아도 공포를 느끼게 돼요.**
그가 헛기침만 했을 뿐인데 '무슨 말을 하려는 걸까' 경계합니다. 집에 돌아와서도 상사의 목소리와 얼굴이 머릿속에 떠올라 꿈까지 꾸게 될지 몰라요. 그의 모습을 보기만 해도 몸이 굳어버리기도 하지요.

이것은 아무리 생각해도 '과잉 반응'입니다. '감정의 과잉 반응'이 일어나면 당신의 소중한 에너지는 점점 없어집니다.

결국 에너지가 줄어들면서 '소모 고통'(자세한 내용은 제3장에서 살펴보도록 합시다)을 불러일으키게 되지요.

지금부터 실험을 통해 '분노'라는 감정을 몸으로 직접 느껴봅시다.

먼저 어깨를 움츠리고 주먹을 꽉 쥔 채 이를 힘주어 마주 뭅니다. 그런 다음 숨을 얕게 내쉬어봅니다.

3분 동안 이 동작을 반복하는 것만으로도 당신은 피로를 느낄 거예요. 오랜 시간 이러한 움직임을 지속하면 몸과 마음에 악영향을 주게 되지요. 이처럼 분노는 자신도 모르는 사이에 우리를 지치게 합니다.

'불안'의 감정도 '만약 무슨 일이 생기면 어떡하지'라는 최악의 사태를 대비하여 생각이 끊임없이 이어지므로 에너지 소모가 심해져요.

그렇다면 '기쁨'이라는 감정이 피곤하지 않은가 하면 사실 그렇지도 않습니다. '기쁨'은 원시인 모드로 생각해보면 '주변 사람들에게 안전이나 식량, 물 등의 존재를 알리기 위해서 일어나는 감정'이에요. 기뻐서 웃거나, 소리를 지르고 뛰어다니면 심박수도 증가합니다.

결과적으로는 긍정적인 감정도 나름대로 에너지를 소모하지요. 그렇기 때문에 '기쁨'이라는 감정도 유감스럽지만 오래가지는 못합니다.

최신 뇌과학 연구에 따르면 인간의 뇌는 2킬로그램 정도밖에 되지 않지만 인체가 소모하는 전체 에너지의 20퍼센트를 사용한다고 합니다.

이 20퍼센트의 에너지 중 60~80퍼센트는 뇌가 아무런 인지 활동을 하지 않을 때 활성화되는 '디폴트 모드 네트워크'라는 뇌의 특정 부위에서 쓰입니다.

디폴트 모드 네트워크를 컴퓨터에 빗대어 표현하면 운영체제(OS)나 바이러스 대책 소프트웨어와 같다고 할 수 있어요. 뇌는 아무 생각을 하지 않고 있을 때도 그만큼 많은 에너지를 소모합니다.

하물며 어떤 사람이 항상 불안이나 분노를 느끼는 상태는 이를테면 여러 프로그램이 온종일 작동하고 있는 것과 비슷합니다. 스마트폰을 장시간 사용하면 뜨거워지는 것처럼 말이지요.

감정은 눈에 보이지 않기 때문에 마음속에서 사라진다고 생각할 수도 있

지만 이렇게 서서히 당신의 에너지를 빼앗습니다.

감정이란 자기 자신을 지키기 위해서 일어나는 반응이며, 인간이 원시인이었을 때부터 몸에 배어 있었던 중요한 반응이에요. 하지만 당신의 소중한 에너지가 소모된다는 것을 인정하지 않을 수 없습니다.

현대 사회에서는 이러한 프로그램이 필요 이상으로 자주 작동된다는 것을 분명히 알아야 합니다.

'언뜻 보기에 좋은 사람'과 어울리는 일도 분노나 공포, 불안 등 여러 감정을 필요 이상으로 불러일으키고 자극하지요.

그래서 우리는 몹시 피곤해집니다.

현대 사회, 인간이 인간에게 주는 위험이 커졌다

원시인 모드로 생각해보면 인간은 에너지 소모가 심해지면 몹시 괴롭습니다. 에너지가 줄어드는 것은 생명 위기와 직결되기 때문에 우리는 되도록 에너지를 낭비하고 싶지 않습니다.

여러 감정 중에서도 눈앞에 맞닥뜨린 위험에 대비하기 위한 공포, 분노, 슬픔, 불안, 질투, 자기혐오, 죄책감 등의 감정은 매우 많은 에너지를 소모하지요. 그래서 우리는 본능적으로 그런 감정을 '싫다', '피하고 싶다'라고 생각합니다.

현대 사회는 원시인이 살았던 시대와 환경도 생활방식도 완전히 달라졌으니, '부정적인 감정이 든다고 해서 에너지를 빼앗기는 것은 아닐 거야'라고 생각할 수도 있습니다.

그러나 현대 사회에서는 감정에 따른 에너지 소모가 오히려 심해지고 있어요.

원시인을 위협하던 5가지 위험 요소가 무엇인지 알아봅시다.

① 물, 식량 부족
② 자연재해
③ 맹수나 독사 등의 적
④ 질병, 부상
⑤ 인간

현대 사회에서 1~3번의 위험은 거의 없다고 볼 수 있어요(지진과 같은 자연재해는 여전히 발생하고 있지만 항상 위험한 것은 아닙니다). 4번의 위험도 의료 기술이 발달하면서 어느 정도 감소했지요.

1~3번의 위험이 줄어든 만큼 상대적으로 5번 '인간'이 주는 위험은 커졌습니다. 저는 현대인은 인간(주위에 경계해야 할 대상) 때문에 쉽게 감정이 움직인다는 것을 파악했습니다.

이성으로 감정을 어느 정도는 조절할 수 있다고 생각하나요?
감정은 '강한 힘'을 가지고 있어서 이성과는 차원이 다른 힘을 발휘합니다. 게다가 감정은 일단 폭발하면 좀처럼 진정시키기 힘든 '고집스러움'이 있지요.

56페이지의 표처럼 이성과 감정은 본래 사물을 파악하는 방법이 전혀 달라요.

예를 들어, '저 사람과 좋은 관계를 유지하고 싶다'라는 목표가 생겼다고 가정해봅시다. 이성적인 눈은 '나보다 뛰어난 사람', '나에게 해를 끼치지 않고 도움을 주는 사람', '주변 사람들에게 평판이 좋은 사람'이라는 식으로 객관적인 사실을 통해 종합적인 시각으로 바라보지요.

감정적인 눈은 '바로 앞'에 있는 것만 바라봅니다. 자기 자신을 지키려는 목표를 달성하기 위해서 어떠한 위험도 놓치지 않으려고 구석구석까지 주의 깊게 살펴보지요.

'안심하면 안 돼. 믿을 수 없는 사람일지도 몰라', '그때 나에게 저런 말을 했어', '무시하는 눈으로 나를 쳐다봤어'라고 그냥 넘어갈 수도 있는 위험까지 찾아내려고 합니다.

이성은 장기적 시야가 있지만, 감정은 단기적 시야밖에 없어요.

감정은 '지금 안전한가', '눈앞에 있는 식량을 먹을 수 있는가'에 온 힘을 다해 집중합니다. 미래를 쉽게 믿으면 목숨을 잃어버릴 가능성이 커지기 때문이지요.

원시인에게 '인간의 생존'이란 며칠 동안 목숨을 유지하고 식량을 먹을 수 있는 상태를 유지하는 것이었습니다.

그렇지만 이성은 감정에 이렇게 반박합니다.

'분노'에 대해서는 '화를 내봤자 달라지는 건 없잖아.'

'슬픔'에는 '이미 끝나버린 일은 다시 되돌릴 수 없으니까 잊어버려.'

'불안'에 대해서는 '고민해도 답은 없어. 아무리 생각해봤자 헛수고야.'

'공포'는 '너무 무서워하지 마. 죽는 건 아니니까'라는 식으로요.

이처럼 이성은 감정을 설득하려고 하지만 감정은 이를 받아들일 수 없습니다. 어수선하고 피곤해진 당신의 머릿속에서는 이러한 대립이 일어나고 있는 거예요.

현대인의 이성과 감정: 각각 특별히 잘하는 분야

이성	감정
평소에는 이성이 지배하고 있다	중요한 정도, 생각의 방향을 최종적으로 결정한다
장기적으로 사회적 관계, 객관적 확률, 지금 해야 할 과제 등을 바라보고 '종합적 이익'을 예상하는 것을 잘한다!	단기적으로 개인적 관계, 가까이 있는 사람의 의견, 미래와 과거를 바라본다. '하나의 이익'에 목숨을 걸고 집중하는 것을 잘한다!

감정과 이성의 구조를 바탕으로 '언뜻 보기에 좋은 사람'에 대해 새롭게 생각해봅시다.

'언뜻 보기에 좋은 사람'은 당신에게 왠지 모를 혐오감을 느끼게 해요. 알아차리기 쉽지 않은 감정이지만, 그 사람이 서서히 당신의 에너지를 빼앗고 있다는 사실을 감정이 알려주지요.

하지만 이성은 감정을 억누르고 설득합니다.

'저 사람은 좋은 사람이야.'

'아무런 나쁜 감정도 없다는 걸 알고 있잖아?'

'특별히 나에게 심한 말을 한 건 아니잖아?'

그러나 계속해서 감정은 '위험하다'는 경보를 울리지요. 이것이 바로 '언뜻 보기에 좋은 사람'에게 느껴지는 '어수선한 감정'의 정체랍니다. **머리로 이해하는 것과 자신의 느낌이 서로 다르기 때문이지요.**

그동안 억누르려고만 했던 감정의 이야기에 귀를 기울여야 합니다.

그렇게 하면 '나는 너무 괴로워. 저 사람이 나쁜 사람은 아니지만 실제로 내가 피해를 입고 있으니까 도망가도 괜찮아'라고 필요할 때 적절한 판단을 내릴 수 있습니다.

이성이 감정을 설득하려고 할 때 이런 식으로 상상해보세요.

가족 중에 당신 혼자만 어떤 위험에 대한 정보를 가지고 있다고 가정해봅시다. 가족들에게 그 정보를 전해주고 싶지만 아무도 귀를 기울여 주지 않지요. 당신이 말을 꺼내려고 하면 웃어버리거나 무시하고 입을 막아버립니다.

하지만 위험은 아직도 존재해요. 가족들이 말을 못 하게 할수록 당신은 큰 소리로 외치고 싶어집니다.

"정말 위험하다고! 내 말 좀 들어줘!"

'언뜻 보기에 좋은 사람'에게 서서히 에너지를 빼앗기고 있다는 것을 알아차린 당신의 **감정은 '지금 당장 저 사람으로부터 도망가!'라고 말하고 있습니다.**

감정을 자제하고 억누르기 위해서도 에너지가 필요하지요. 갈수록 감정의 힘은 강해지고 분노와 불안감은 커집니다.

그 원인은 '소모 고통'(제3장)의 메커니즘과 관련이 있어요.

먼저 '괴로움'이라는 감정을 인정합시다. 그런 다음 이성과 감정을 균형 있게 조화시키고 현실적으로 어떻게 행동할 것인지 선택해야 해요. 제4장의 12가지 유형의 '언뜻 보기에 좋은 사람'에게 대처하는 방법에서 구체적으로 소개하겠습니다.

감정과 사이좋게 지낼 수 있는 사람이야말로 진정한 어른이다

　　당신은 누군가와 말다툼이 벌어졌을 때 "그렇게 감정적으로 굴지 마!"라고 말해본 경험이 있을 거예요. 이처럼 인간은 어떻게 해서든 감정을 억누르려는 경향이 있습니다.

우리는 자신의 감정을 조절하고 싶어 합니다. 훌륭한 사람은 이성으로 감정을 다스릴 수 있어야 한다고 생각하지요.

하지만 제 생각은 조금 다릅니다. **진정한 어른이란 이성은 감정으로 인해 쉽게 무너져버릴 수도 있다는 현실을 부정하지 않고 받아들인 다음, 최선을 다하는 사람이 아닐까요?**

최근 '분노 관리(앵거 매니지먼트)'가 주목을 받고 있습니다. 이런 관리법을 오해하면 '원래 감정은 스스로 조절할 수 있는 거야'라고 생각해 억지로 자신의 감정을 다스리려는 사람도 생기지요.

농경 민족인 동양인은 날씨나 기후가 고르지 않고 변덕스러운 환경에서도 농작물을 기르고, 무리 속에서 서로 의지하며 돕고 살아왔습니다.

한편 수렵 민족인 서양인은 그날 사냥한 성과에 따라 운명이 좌우되기 때문에 '어떻게든 될 거야'라고 생각하며 '나는 나, 너는 너'라고 인식하려는 사고방식이 있어요.

날씨 변화를 민감하게 느껴야 하는 동양인은 불안해하며 살아가는 편이 농경 생활을 하기에 유리했습니다. 무리 속에서 서로 협력하며 농작물을 길러왔기 때문에 다른 사람과 조화를 이루려는 사고방식도 강하지요.

능력이 뛰어나고 혼자서 일을 끌어안고 버티는 사람일수록 서양의 사고방식에 따라 일이 제대로 진행되지 않는 이유가 자신에게 있다고 자책합니다. 그렇게 되면 자신감을 잃어버려서 더욱 감정적으로 행동하는 악순환에 빠지게 됩니다.

감정을 조절할 수 있다는 생각부터 지워버려야 해요. 오히려 감정과 친해져야 합니다.

당신의 감정을 이해할 수 있는 사람은 지구상에서 자기 자신밖에 없어요. 당연한 사실이지만 새롭게 생각해보길 바랍니다.

앞으로 소개할 다양한 방법을 날마다 실천하면서 시행착오를 겪더라도 '감정을 존중하고, 감정과 사이좋게 지내는 연습'을 해봅시다.

제 3 장
좋아 보이는 사람들 때문에
고통스럽다면

그가 나로와

비슷하다니

무슨 뜻이냐옹?

'언뜻 보기에 좋은 사람'은 3가지 고통을 자극한다

고통이라는 '감정'은 자기 자신에게 보내는 위험 신호라는 것을 이제는 이해할 수 있을 거예요. 지금부터 '언뜻 보기에 좋은 사람' 때문에 괴로움을 느끼고 있는 당신이 직면한 고통의 정체를 살펴봅시다.

'언뜻 보기에 좋은 사람'이 당신을 피곤하게 만드는 원인을 크게 3가지로 분류하면 다음과 같아요.

① 성격을 변하게 하는 '소모 고통'
② 불안을 불러일으키는 '경계 고통'
③ 자신감을 잃게 만드는 '자기혐오 고통'

이러한 3가지 고통이 반복적으로 자신을 몰아세우기 때문에 당신은 에너지를 빼앗기는 것입니다.

감정의 메커니즘을 알게 되면 이러한 고통의 의미와 그에 따른 대처법을 실천할 수 있어요.

'언뜻 보기에 좋은 사람'이 당신을 피곤하게 만드는 첫 번째 원인은 '소모 고통'입니다.

'언뜻 보기에 좋은 사람'은 당신의 업무량이 늘어나게 하거나, 타인을 마음대로 휘두르며 분노나 불안이라는 감정이 들게 하지요. 이것이 바로 우리의 에너지를 빼앗는 '소모 고통'입니다.

사실 이러한 '소모 고통'은 **피로의 축적 상태에 따라 커지기도 하고 작아지기도 하는 특징**이 있어요.

에너지는 65페이지의 표처럼 '제1단계', '제2단계', '제3단계'와 같이 단계적으로 줄어듭니다.

그러나 인간은 자신도 모르는 사이에 피로가 축적된다는 것을 좀처럼 깨닫지 못해요. 현대인에게는 피곤하더라도 해야 할 일이 산더미처럼 쌓여 있기 때문입니다.

"솔직히 힘들긴 하지만, 특별히 제가 무리하고 있다고 생각하지는 않아요. 다른 사람도 저와 비슷한 스트레스를 받으며 살아가고 있잖아요. 힘든 건 저뿐만이 아닐 거예요……."

원인을 알 수 없는 건강 악화나 의욕 저하로 고민하다가 저를 찾아오는 내담자들은 공통적으로 이렇게 말합니다.

이처럼 스트레스를 참고 견디는 사람은 자신도 모르는 사이에 '이성'으로 감정을 억누르기 때문에 피로 센서가 무뎌져서 '소모 고통'이 갈수록 심해집니다.

그렇다면 '소모 고통'은 어떻게 진행될까요?

소모 고통은 이렇게 악화된다

★ 당신은 지금 어떤 상태인가?

에너지가 줄어들면……
스트레스를 받는다.

제1단계
일상적인 스트레스를 느끼는 상태다. 피로가 쌓이면 오히려 에너지가 넘치고 의욕이 솟아나는 경우도 있다. '언뜻 보기에 좋은 사람'을 만나도 특별히 위화감을 느끼지 않는다.

제2단계
평소보다 쉽게 피로를 느끼고 건강의 악화가 나타나기 시작한다. '언뜻 보기에 좋은 사람'을 만나면 화가 나고 마음이 어수선하다.

제3단계
뚜렷한 마음의 변화가 일어난다. '언뜻 보기에 좋은 사람'에게 갑자기 화를 내는 경우도 있다. 혹은 자신을 자책하거나 자신감을 잃어버려서 다른 사람이 된 것처럼 성격이 바뀌기 시작한다.

● **제1단계**

○ 피로 = 피곤하지만 회복할 수 있는 수준이다.

○ '언뜻 보기에 좋은 사람'을 만나면 = 특별히 마음이 어수선
   하지는 않다.

피로는 완전히 회복하지 않으면 점점 축적됩니다.

제1단계는 피로가 쌓여도 아직은 건강한 수준이에요. 누구나 겪고 있
는 일상적인 스트레스를 느끼는 단계입니다. 업무에 문제가 생기거나
퇴근길에 지하철이 멈추는 것처럼 전혀 예상하지 못한 사건이 발생하
더라도 어느 정도 대처할 수 있지요.

침대에 누워 '오늘은 좀 피곤하네!'라고 하루를 돌아본 다음 한숨 자고
일어나면 피로는 회복됩니다.

우리는 어떤 문제에 부딪혀서 피곤함을 느껴도 그동안 쌓아두었던 에
너지를 조금씩 꺼내 쓰면서 그럭저럭 버티고 있어요.

제1단계에서는 집중력과 의욕이 그렇게까지 떨어지지는 않습니다. '언뜻 보기에 좋은 사람'이 당신을 화가 나게 만들어도 '뭐, 그럴 수도 있지'라고 상대방의 입장에서 생각하려고 하지요.

게다가 다른 사람의 장점을 제대로 파악할 수 있습니다. 문제가 일어나도 오히려 용기나 의욕이 솟아나고 '잘할 수 있을 거야'라는 기분이 들기도 해요.

그러나 **완전히 회복되지 않았던 피로가 조금씩 쌓이다 보면 갑자기 건강이 악화될 수 있습니다. 인간은 나이가 들수록 얕은 잠을 자기 때문에 회복하는 힘이 서서히 약해지기 마련이지요.**

● **제2단계**

○ 피로 = 평소보다 2배 정도 쉽게 피로를 느끼고 회복하는
데도 2배의 시간이 걸린다.

○ '언뜻 보기에 좋은 사람'을 만나면 = 상대방의 말과 행동이
매우 신경 쓰이고 마음이 어수선하다.

제1단계에서 피로를 완전히 회복하지 못한 상태로 있으면 당신
의 고통은 제2단계로 진입합니다.
제2단계는 **제1단계일 때와 같은 문제가 일어나도 평소보다 2배 정도 쉽
게 피로를 느끼고, 피로 회복에도 2배의 시간이 걸리는 특징**이 있어요.
저는 제2단계를 '2배 모드'라고 부릅니다.

특정 스트레스에 항상 노출되어 있다면 당신은 아마 2배 모드로 진입
한 것일지도 몰라요.

('제2단계', '2배 모드'라는 어휘는 자기 관리법에서도 중요한 키워드라고 할 수 있습니다. 이 책에서 여러 번 등장하니 꼭 기억해주세요.)

제2단계에서는 '건강의 악화'가 나타나기 시작한다는 점을 알아두세요. 이성보다도 '본능적 자아'가 위험 신호를 보내기 때문에 자신도 모르는 사이에 조금씩 행동의 변화가 일어나는 것입니다.

인간은 특정 스트레스에 노출되면 단계적으로 브레이크를 작동해서 자기 자신에게 '스트레스 대상으로부터 도망가라'는 메시지를 보냅니다.

먼저 당신은 본능적으로 분위기를 감지하고 나서 알 수 없는 위험을 느낄 거예요. '어쩐지 저곳에 가고 싶지 않다'라는 생각이 들어서 자신을 불편하게 만드는 사람과 마주칠 것 같은 시간과 장소를 피하려고 합니다(행동 브레이크).

다음으로 상대방에게 왠지 모를 '혐오감'을 느끼게 됩니다. 그리고 항상 자기 자신을 지키기 위해서 준비 태세를 갖추고 있기 때문에 '긴장감'도 높아져요.

몸이 딱딱하게 굳어버리면 어깨 결림이나 두통 등의 신체 증상이 나타나기 시작합니다. '부정적인 감정'으로 인해 상대방을 만나고 싶지 않고 그 사람을 피하고 싶어져요(인간관계 브레이크).

그러나 이 단계는 아직 무의식의 단계라서 왠지 모르게 느껴지는 위화감의 원인이 상대방에게 있다는 것을 알아차리지 못합니다.

그다음 단계에서는 '일할 의욕이 떨어진다', '저 사람이 있는 곳에 가고 싶지 않다'는 의욕 저하, 행동의 변화가 일어납니다(활동 브레이크).
하지만 이 상태도 아직 무의식의 단계예요. 본인은 '피곤하지도 않은데 왜 이렇게 의욕이 없지'라고 느낍니다.
그런데도 스트레스의 원인으로부터 멀어지지 않으면 우리 몸에서는 필사적으로 브레이크를 작동해요.
두통이나 속쓰림, 피로감, 메스꺼움, 불면 등의 원인을 알 수 없는 건강 악화 증세가 나타납니다(신체 브레이크).

그때까지는 이성이 '괜찮아. 나쁜 사람은 아니잖아?', '모나지 않으려면 그 정도는 참아야 해'라고 감정을 설득하려고 하지만, 이 단계에서는 감정이 더는 참을 수 없다는 듯이 브레이크를 작동해요.
이성도 '어라, 왜 이러지? 저 사람 때문인가?'라고 겨우 생각하게 됩니다.
계속 참고 견디면 분노, 불안, 슬픔과 같은 명확한 정신적 고통을 느껴요(전력 브레이크).
이 단계에서 대부분의 사람은 스트레스의 원인으로부터 벗어나려고 조치를 취합니다. 그중에는 계속 참고 견디는 사람도 있습니다.
이성은 '그래도 참고 견뎌야 해'라고 강한 명령을 내리기 때문에 당신은 그 자리에서 계속 괴로워하며 점차 우울함에 빠지게 됩니다(최종 브레이크).

제2단계는 72페이지에서 이야기하는 '6가지 브레이크를 단계적으로 작동한다' 중 '활동 브레이크'와 '신체 브레이크'에 해당합니다.
'머리가 무겁고 아프다', '눈이나 어깨, 허리가 아프다', '속이 메스껍다', '뼈마디가 쑤신다', '어지럽다', '귀울림', '귀막힘', '얕은 잠을 잔다'의 신체 증상이 나타납니다.

6가지 브레이크를 단계적으로 작동한다

행동 브레이크
분위기 (왠지 모르게 마음에 들지 않는다)

인간관계 브레이크
혐오감, 긴장감 (가고 싶지 않다, 만나고 싶지 않다)

활동 브레이크
의욕 저하, 행동의 변화 (되도록 피하고 싶다)

신체 브레이크
건강의 악화 (통증, 피로, 불면 등)

전력 브레이크
명확한 정신적 고통 (분노, 불안, 슬픔)

최종 브레이크
우울함으로 인한 몸과 마음의 변화

저

무의식

의식 (이성)적인 행동

무의식

스트레스 강도

고

그러나 '지금 당장 병원에 가야 해!'라고 느껴질 정도로 건강이 악화되는 건 아니라서 어떻게든 참고 견디면 일도 할 수 있습니다.

'분명 스트레스 때문일 거야. 일단 일이 마무리되면 병원에 가야지'라고 방치해버리기 쉬워요.

업무적인 면에서는 확인이나 연락을 빠뜨리는 약간의 실수가 발생하지만 결정적인 큰 실수는 없습니다. **표면적으로는 평소와 다름없기 때문에 본인은 피로의 축적이 서서히 진행된다는 것을 알아차리지 못하지요.**

피로가 제2단계로 진입하면 그만큼 에너지가 줄어들어서 인간관계에 악영향을 주게 되는데, '언뜻 보기에 좋은 사람'과의 관계에도 변화가 일어납니다. 사소한 일로 화를 낸 후에 강한 죄책감을 느끼기도 해요. 이 책을 읽고 있는 당신도 '예전에 비해 이러한 경향이 강해졌다'라는 것을 깨닫는다면 당신의 피로는 이미 제2단계로 진입했다는 신호입니다. 이 시점이야말로 온 힘을 다해 몸과 마음을 관리해야 할 시기예요.

주변 사람들은 '뭔가 이상한데'라고 느끼고는 그 사람에게 "무리하는 거 아니야?"라고 물어보기도 할 것입니다.

하지만 본인은 '그럴 리 없어!'라고 강하게 부정하는 경우가 많아요.

피곤해 보인다는 말을 '능력이 떨어졌다'라고 해석하고 자존심에 상처를 받은 것입니다. 제2단계의 특징입니다.

아마 제1단계이면 "요즘 피곤해서 그런가 봐. 좀 쉬도록 할게. 고마워"라고 말할 수 있는 일도 이제는 본인이 인정하려고 하지 않아요. '고집스러움'이 강해졌다는 증거예요.

● **제3단계**

○ 피로 = 평소보다 3배 정도 쉽게 피로를 느끼고 회복하는
데도 3배의 시간이 걸린다.

○ '언뜻 보기에 좋은 사람'을 만나면 = 다른 사람이 된 것처
럼 성격이 바뀌고 상대방이 아닌 자신을 탓한다.

제2단계에서 피로가 쌓인 것을 알아차리지 못하고 그대로 두면
당신의 고통은 제3단계로 진행되어 결국 몸과 마음에 큰 영향을 미치
게 됩니다.

제3단계에서는 특히 뚜렷한 마음의 변화가 일어나요. 평소와는 '느낌',
'사고방식'이 확연히 달라집니다.
**이상할 정도로 사소한 일에 화를 내서 '에너지가 넘칠 때는 이러지 않았는
데'라고 생각하게 돼요.** 한 사람의 성격이 마치 다른 사람이 된 것처럼

바뀌기 때문에, 저는 이 상태를 '성격의 변화'라고 합니다. 불안감이 커지고 의사소통이 원활하지 못한 자신을 자책하지요.

또 시야도 매우 좁아지기 때문에 '일이 제대로 진행되지 않는 것은 내 잘못이야'라고 결론지어버립니다. 괴로움에서 한순간이라도 벗어나려고 술이나 도박에 빠지는 사람도 있어요.

'성격의 변화'가 더욱 심해지면 죽고 싶다는 생각이 들기도 합니다. 인간은 기본적으로 '살고 싶다'라는 욕구를 가지고 있지만, '성격의 변화'가 일어나면 '살아도 그만, 죽어도 그만'이라고 느껴져 '죽고 싶다'라고 생각하기 시작해요.

그렇다면 왜 이렇게 고통스러운 상태에 빠지는 걸까요? 본인에게는 그저 고통이겠지만 사실 이 상태는 자기 자신을 지키기 위한 '최종 브레이크'가 작동하고 있다는 의미입니다. 72페이지에서 이야기한 '최종 브레이크'입니다.

인간은 어떤 생명의 위기를 느끼게 되면 먼저 위험한 분위기를 감지한 다음 인간관계에도 부정적인 감정을 느끼지요. 우리는 자신도 모르는 사이에 위험한 환경이나 사람으로부터 도망가려는 본능이 있습니다.

우리가 스트레스의 원인으로부터 벗어나지 않으면 우리 몸에서는 통증이나 피로감을 불러일으켜 그 자극에 접근하지 못하게 하는 거예요.

그런데도 스트레스의 원인에서 멀어지지 않을 때는 드디어 의식할 수 있는 수준의 강한 불안이나 혐오감을 느끼게 해서 필사적으로 브레이크를 작동합니다.

그 상황에서도 현대인은 '책임'이라든가 '보람' 혹은 '괴로움에서 도망가서는 안 된다'라는 식으로 말하면서 결국 위험한 자극에서 벗어나려고 하지 않아요.

그럴 때는 우리 몸에서 우울함이라는 '최종 브레이크'를 작동합니다. 인간은 자신감이 없어지면 그 환경에서 도망가려고 해요. 평소의 몇 배나 되는 피로감을 느끼게 되면 아무리 힘을 내려고 애를 써도 계속 할 수 없게 됩니다. 스스로 발목을 잡고 있다고 느끼게 되면 거기서 손 을 떼려고 하지요. 어떤 일에도 부정적인 생각밖에 들지 않고 무언가 를 하고 싶은 생각이 들지 않게 됩니다.

이렇게 본능은 일시적이고 강제적으로 다른 사람이 된 것처럼 우울한 성격으로 바꿔 어떻게든 자극에서 벗어나게 하려는 거예요. 본인에게 있어서는 괴로운 일이지만, 본능은 이러한 희생도 감수할 수밖에 없는 다급한 상태라고 판단한 것입니다.

그러나 쾌적한 환경이 갖추어져 있는 현대 사회에서는 자신이 피로를 느 껴서 그런 위험 상태에 빠져 있다고 생각하지 못하는 경우가 많습니다. 그렇게 되면 스트레스로부터 멀어지려는 몸과 마음의 움직임을 알아 차리지 못하고 '나는 노력과 인내가 부족한 사람이야'라고 생각해버려 요. '더 열심히 해야지'라고 계속 참고 견딥니다.

더욱 무서운 것은 자신을 표면적으로는 '능력이 뛰어나고 화를 내지 않는 온화한 사람'이라고 연기하는 사람과 원래부터 에너지가 넘치는 '젊은이'의 경우, 피로가 제3단계로 진행되어도 주위에서는 전혀 알아 차리지 못한다는 것입니다. 주변 사람들에게 알리고 싶지 않아서 필사 적으로 숨기고 있기 때문이지요.

그러나 평소보다 3배 정도 쉽게 피로를 느끼고, 회복하는 데도 3배의 시간이 걸리지요(저는 이것을 '3배 모드'라고 합니다). 주말에 밀린 잠을 자더라도 이미 잔뜩 쌓인 피로는 풀리지 않습니다.

본인은 계속 피로함을 드러내지 않기 위해 애쓰느라 피로감이 쌓여가지요. 그래서 죽고 싶다는 생각이 들거나 갑자기 회사를 그만두고 인간관계를 끊는 것처럼 극단적인 모습을 보이면서 그동안 쌓아온 피로를 한꺼번에 드러내는 경우가 있습니다.

주변 사람들은 매우 놀라겠지만 본인은 그동안 계속 억누르고 있던 스트레스가 한꺼번에 무너진 것이지요. "다 제 잘못입니다. 여기 있으면 폐만 끼치게 될 거예요"라고 말하지만 이미 생각할 힘이 없는 상태라 '자신이 잘못했다'라고 결론 내리는 게 마음 편합니다.

주변 사람들은 "무책임한 사람이네"라거나 "생각이 없군"이라고 비난하지만, 본인도 자신을 자책하는 행동으로 도망갈 수밖에 없습니다.

크고 작은 피로를 느끼고 있는 현대인 중에 제2단계와 제3단계의 갈림길에서 고통받는 사람이 너무 많습니다. '갑자기 업무가 바뀌었거나 관리직이 되었다', '출산 후 혼자서 육아를 맡게 되었다', '아이가 학교에 다니게 되었다', '갱년기와 부모의 병간호가 겹쳤다'처럼 몸과 마음의 피로가 한꺼번에 쌓여 이런 상태에 이르는 경우가 많습니다.

피로가 심해질수록 '스트레스 자극 감수성'은 높아집니다. '언뜻 보기에 좋은 사람'이 숨기고 있는 '나쁜 측면'을 발견해도 제1단계에서는 그럭저럭 버틸 수 있어요.

하지만 계속 참다가 제2단계, 제3단계로 피로가 진행되면 더는 참을 수 없게 됩니다. '소모 고통'은 이렇게까지 당신의 '관점'을 바꿉니다.

끊임없이 당신의 불안을 일으키는 '경계 고통',

'언뜻 보기에 좋은 사람'이 당신을 피곤하게 만드는 두 번째 원인은 '경계 고통'입니다.

에너지가 계속 줄어들면 '소모 고통'을 불러일으켜 여러 감정을 쉽게 느끼게 돼요. 그 결과 당신은 '경계심'을 갖게 됩니다.

경계심이란 '저 사람은 무서워'라고 느껴지는 공포의 감정이라고도 할 수 있지요. '저 사람이 언제 나를 공격할지 몰라. 안심하면 안 돼'라고 '경계 안테나'가 끊임없이 위험을 감지하기 때문에 '경계 고통'을 느낍니다.

당신의 직장에 어떤 사람이 항상 불만이 있는 듯 화를 내고 있다고 가정해봅시다.

이런 사람은 본인은 물론 상대방도 알아차리지 못하는 동안 주위를 긴장하게 만들어요.

항상 화를 내는 사람은 분노를 숨기고 있더라도 주변 사람들은 그의 표정이나 목소리를 통해 본능적으로 위험을 감지합니다. 그 사람이 갑자기 공격하거나 다른 사람과 다툴 수도 있으니 주위에 있다가는 불똥이 튈지 몰라 불안하지요.

어찌 되었든 간에 화를 내는 사람을 보면 우리는 본능적으로 '저 사람 주위에 있으면 위험해'라고 느끼게 됩니다.

실제로 누군가 사무실에서 화를 내고 있거나 다른 이에게 가시가 돋친 말을 한다면 주변 사람들은 '무슨 일이지?'라고 신경을 곤두세우게 될 거예요.

동영상 사이트에서도 화를 내거나 싸우는 동영상은 높은 조회수를 기록합니다. 감정이 분명하게 드러나지 않더라도 인간은 '자신에게 위험할 수도 있다'라는 위기감을 민감하게 감지하기 때문입니다.

하지만 '언뜻 보기에 좋은 사람'은 겉으로는 화를 잘 내지도 않고, 언성을 높이는 일도 없어서 우리가 알아차리지 못하는 게 아닐까요?

그렇습니다. 바로 이런 점 때문에 '언뜻 보기에 좋은 사람'의 정체를 알아차리기란 쉽지 않습니다.

'언뜻 보기에 좋은 사람'은 첫인상이 좋다

　　'언뜻 보기에 좋은 사람'과 함께 일하거나 어울리는 동안 에너지를 소모하면 우리 몸에서는 위험을 감지하기 때문에 경계심을 갖게 되지요.

평소에는 온순하고 부드러운 성격의 상사가 갑자기 화를 낸다고 가정해봅시다. 당신은 다음번에도 같은 일이 반복될지도 모른다는 생각이 들어서 계속 그를 경계하게 될 거예요.

나쁜 사람은 아니지만 다른 부서의 업무까지 당신에게 떠넘기는 상사도 있습니다. "항상 의지하고 있어!"라고 말하지만 그와 같은 팀에서 일하다 보면 업무량이 늘어나는 것만 같아요. 직접적으로 '피로'가 쌓이는 상황이기 때문에 당신은 본능적으로 그를 경계하게 됩니다.

업무의 방향성도 제시해주지 않고 '다 같이 잘 의논해봐'라는 식으로 업무를 떠넘기는 상사도 있지요.

직접적으로 나에게 피해를 주지는 않지만 나중에 무슨 문제가 생겨도 책임지지 않을 것 같은 사람은 분명히 당신을 피곤하게 만듭니다. 이런 사람들도 매우 위험한 느낌이 들어서 당신은 경계심을 품게 될 거예요.

'가르치기 좋아하는 상사'는 별일 아닌데도 이야기를 길게 합니다. 당신은 업무를 빨리 진행하고 싶기 때문에 화가 나지요. 나의 '부담'이 늘어나는 상황이라서 그 사람의 모습을 보기만 해도 '무슨 말을 하려는 걸까' 신경이 쓰입니다.

'언뜻 보기에 좋은 사람'은 의사소통 능력이 뛰어나기 때문에 첫인상이 좋습니다.
처음 만났지만 금세 친해져서 당신은 그만 방심해버립니다. 이전 회사에서 있었던 문제, 괴롭힘을 당했던 일, 같은 부서의 누구누구가 마음에 들지 않는다는 비밀까지 무심코 이야기해놓고, '다른 사람에게 말해버리면 어떡하지'라고 경계심을 갖게 되는 경우도 있지요.
하지만 그는 나쁜 사람처럼 느껴지지 않고 오히려 당신에게 호의적으로 대합니다. 이러한 내적 갈등 때문에 당신은 고민에 빠질 거예요.

저는 항상 "당신과 친해지고 싶다고 가까이 다가오는 사람을 난로라고 생각하세요"라고 말합니다.
난로는 추운 밤에 없어서는 안 될 존재입니다. 하지만 이 난로에 발이 달려서 당신을 따뜻하게 해준다며 다가오면 어떨까요? 당신은 "뜨거워!"라고 소리칠 거예요.
화상을 입지 않기 위해서 할 수 있는 방법은 매우 간단합니다. **신속하게 '적당한 거리'를 두면 되지요.**

'언뜻 보기에 좋은 사람'과 어떤 문제가 생겼을 때 두 사람 사이에 보이지 않는 이해관계가 대립하는 경우가 있습니다.

서로에게 나쁜 감정은 없지만 각자 사회생활을 하며 필사적으로 살아남기 위해 자신만의 '행동 양식'을 만들어왔기 때문이죠. A에게는 '편한 방법'이 B에게는 '괴로운 방법'이 될 수도 있어요.

이를테면 이런 상황입니다. A는 예전부터 담배를 즐겨 피우던 애연가입니다. 그동안 금연을 하려다가 몇 번이나 실패를 반복했지요. A는 남에게 피해를 주지 않으려고 지금은 전자담배를 피우고 있어요.

그러나 전자담배도 연기가 나오기 때문에 주위에 있는 B가 그 담배 연기를 계속 들이마시게 됩니다. B는 바로 당신이에요.

A는 당신이 제출한 보고서에 퇴짜를 놓는 상사, 남을 가르치기 좋아하는 상사, 부하 직원에게 책임을 미루는 상사, 상담을 해주겠다며 다가

오는 직장 동료일 수도 있습니다.

모든 사람은 각자 '나만의 방식'을 가지고 있어요.

가급적 에너지를 소모하지 않고 자신의 입지를 확립하기 위해서 자신만의 '행동 양식'을 유지하려고 합니다.

그런 A를 바꾸려고 있는 힘을 다해 애써봐도 쉽지는 않을 거예요. A는 **그동안 만들어온 자신만의 '최고의 밸런스'를 유지하며 살아가려고 할 테니까요.**

"이런 점은 고쳐야 해"라고 해도 "그게 무슨 소리야?"라는 말을 듣게 될 가능성이 높지요.

바꿀 수 있는 것과 없는 것을 구별하는 지혜

저는 신학자 라인홀드 니부어의 '평온을 구하는 기도'를 좌우명으로 삼고 있습니다.

하나님, 제게 바꿀 수 없는 것을 받아들일 수 있는 평온과
바꿀 수 있는 것을 변화시킬 수 있는 용기와
그 둘을 구별할 수 있는 지혜를 주소서.

인간은 마음먹은 대로 일이 잘 풀리지 않을 때 그 원인이 다른 사람에게 있다고 생각하면서 상대방을 바꾸려고 해요.
어떻게 하면 그 사람을 내 마음대로 할 수 있을지 이리저리 생각해봐도, 조금도 변하지 않는 상대방을 보며 분노를 느낍니다.
이제는 내가 참을 수밖에 없다는 결론을 내리고 자신의 괴로운 마음을 외면하지요. 모두 에너지를 낭비하게 되는 상황입니다.

바꿀 수 있는 것을 변화시키고, 바꿀 수 없는 것을 받아들이면 되지 않느냐고 하지만 굉장히 어려운 일이지요.

특히 에너지가 줄어든 '제2단계'나 '제3단계'일 때는 그동안 하던 대로 하는 것이 에너지 소모가 적습니다.

인간은 이러한 '에너지 절약 모드'를 유지하기 위해서 '변하고 싶지 않아' 혹은 '바꾸고 싶지 않아'라고 생각하게 돼요.

그렇지만 바꿀 수 있는 것을 변화시키고, **바꿀 수 없는 것을 받아들일 수 있다면** 다른 사람을 바라보는 관점이 크게 달라지고 마음이 편해집니다.

바꿀 수 있는 것과 바꿀 수 없는 것을 어떻게 구별할 수 있을까요? 힌트는 무엇을 목표로 삼으며 날마다 살아가는지 아는 것에 있습니다.

지금부터 인간에게 본능적으로 있는 기본 목표, 즉 '바꿀 수 없는 것'에 대해 살펴볼게요.

왜 우리는 남보다 높은 자리로 올라가려고 하나

지금부터 인간은 원시인이었을 때부터 '생존', '안전', '번식'의 3가지 기본 목표를 이루려는 본능이 있었다는 이야기를 할게요.

● **3가지 본능적인 목표**

① 생존 : 식량이 있다, 머물 곳이 있다, 온도가 따뜻하다, 입을 것이 있다

② 안전 : 자신을 공격하는 적이 없다

③ 번식 : 자손을 남긴다

이러한 3가지 본능적인 목표를 달성하기 위해서 인간이 행동의 지침으로 삼았던 중간 목표를 저는 '4가지 중간 목표'라고 합니다.

● 4가지 중간 목표

① 뛰어난 능력을 갖고 싶다

② 일인자가 되고 싶다

③ 주변 사람들에게 도움을 받고 싶다

④ 사랑받고 싶다

혹독한 환경 속에서 추위와 굶주림에 시달리며 살아가던 원시인에게 사냥이나 낚시, 요리, 옷 만드는 기술처럼 뛰어난 능력이 있다는 것은 자신과 주변 사람들의 목숨을 유지해주는 중요한 요소였어요(뛰어난 능력을 갖고 싶다).

게다가 무리 속에서 능력이 뛰어나면 다른 사람보다 존중받을 수 있고, 이성에게도 사랑받을 수 있었습니다(일인자가 되고 싶다).

자신이 약해졌을 때는 적의 공격에 대비하기 위해 주변 사람들의 도움이 필요했지요(주변 사람들에게 도움을 받고 싶다).

그리고 자손을 남기려면 이성에게 사랑을 받아야 했습니다(사랑받고 싶다).

4가지 중간 목표는 앞에서 이야기한 3가지 본능적인 목표처럼 우리를 통제합니다.

여전히 우리는 이러한 4가지 중간 목표를 이루지 못하면 깊은 고민에 빠지게 돼요. 고민을 하면 몹시 괴롭기 때문에 인간은 각자 자신의 성격에 맞는 4가지 중간 목표를 달성하려고 합니다. 그 과정에서 사람마다 자신만의 캐릭터, 즉 '행동 양식'을 만들어가게 됩니다.

4가지 중간 목표의 관점에서 생각해보면 '언뜻 보기에 좋은 사람'의 행동은 쉽게 이해됩니다.

그는 어쩐지 당신을 지배하려고 합니다. 그런데 나쁜 의도는 없어 보여서 당신은 어찌할 바를 모르게 됩니다.

'언뜻 보기에 좋은 사람'은 왜 그렇게 행동할까요? 그 사람이 때마침 피곤한 상태라고 해봅시다.

에너지가 줄어들면 자신만의 페이스로 일하는 게 마음 편하지요. 그래야 에너지를 낭비하지 않을 수 있으니까요.

공동으로 일을 하면 **다른 사람의 페이스에 맞춰야 하기 때문에 에너지 소모가 많지요.**

이때 가장 좋은 방법은 누군가를 지배하는 것입니다. '뛰어난 능력을 갖고 싶다' 목표에 해당해요.

상대방을 지배하고 "나만 따라와!"라고 말할 수 있는 사람이 되어야만 자신만의 페이스로 움직일 수 있기 때문에 편합니다. 그래서 자신의 강함을 주장하며 높은 자리로 올라가고 싶어 하지요.

'언뜻 보기에 좋은 사람'은 에너지가 넘칠 때 타인에게 매우 섬세하게 배려하기 때문에 평소와 크게 다르게 느껴집니다.

반면 자신의 약함을 드러내 강조하면 상대방에게 도움받을 가능성이 높아질 수 있지요. 그래서 '주변 사람들에게 도움을 받고 싶다'는 중간 목표 달성을 위해 약한 모습을 보이기도 합니다.

당신의 급소를 자극한다

에너지 뱀파이어는

앞에서 이야기한 항목 중 4가지 중간 목표는 '언뜻 보기에 좋은 사람'의 행동을 파악할 수 있을 뿐만 아니라 당신의 '급소'를 발견할 수 있는 방법이기도 합니다.

① 뛰어난 능력을 갖고 싶다
② 일인자가 되고 싶다
③ 주변 사람들에게 도움을 받고 싶다
④ 사랑받고 싶다

'언뜻 보기에 좋은 사람'은 4가지 중간 목표 중 무언가를 이루고 싶다는 마음을 자극하는 사람이 아닐까요?

능력을 키우고 싶은 사람에게는 도전할 만하고 보람 있는 일은 매력적으로 느껴질 것입니다. 어려워도 해보고 싶다, 포기하고 싶지 않다는 생각이 들면서요(뛰어난 능력을 갖고 싶다).

당신은 변덕스러운 상사에게 휘둘려서 피곤하지만 자신의 능력을 평가받고 싶습니다. 그에게 인정받으면 다음번 인사이동 때 팀의 리더가 될 수 있지요(일인자가 되고 싶다).

회사 사람들에게 속마음을 말하면 소문을 퍼뜨릴지 모른다고 경계하면서도 누군가에게 의지하고 싶습니다. 비밀 이야기를 퍼뜨리고 다니는 입이 가벼운 직장 동료라도 마음의 버팀목이 되어주기도 해요(주변 사람들에게 도움을 받고 싶다).

다정한 사람인 줄 알았던 사람이 차갑게 돌변해도 외롭고 쓸쓸해 보이는 그 사람을 내가 지켜줘야 한다는 생각에 '나쁜 남자'만 만나게 되는 식이지요. 당신은 사랑을 잃는 게 두려워서 그를 떠나지 못하고 있을지도 모릅니다(사랑받고 싶다).

사람마다 각자 급소가 다릅니다. 상처를 받는 포인트도 각각 다르지요. 당신의 상처 포인트를 다시 살펴보면 '언뜻 보기에 좋은 사람'이 어떤 급소를 자극해서 고통스러운지, 그 사람으로부터 도망갈 방법은 없는지 알수 있어 '경계 고통'의 정체를 파악할 수 있습니다.

'상대방의 이런 점이 싫어', '저 사람의 어떤 행동이 나를 힘들게 했을까'에 대해 생각해봅시다.

● '언뜻 보기에 좋은 사람'의 어떤 점이 마음에 들지 않나요?

  그 사람을 만나면 어떤 기분이 드나요?

예)

　　○ 문제가 생겼을 때 책임을 지지 않는다

　　○ 얽매이는 듯한 느낌이 든다

　　○ 자신이 무능력하다는 기분이 든다

　　○ 나에게 답례나 호의를 기대하는 것 같다

　　○ 나와 친해지고 싶다고 가까이 다가온다

'언뜻 보기에 좋은 사람'이 당신을 피곤하게 만드는 세 번째 원인은 '자기혐오 고통'입니다.

피로나 스트레스 때문에 에너지를 소모하면 '소모 고통'이 여러 감정을 자극해서 '경계 고통'을 느끼게 되는 것처럼, '자기혐오 고통'도 앞에서 이야기한 2가지 고통(소모 고통, 경계 고통)과 관련이 있어요.

우리는 에너지를 소모하면 자기 자신을 지키기 위해서 경계하게 되고, 그래도 상황이 바뀌지 않으면 '언뜻 보기에 좋은 사람'에게 더욱 화가 납니다. 동시에 자신을 자책하는 경향을 보여요. 이것이 바로 '자기혐오 고통'입니다.

'자기혐오 고통'도 미리 알아차리기 어렵습니다.

다른 사람이 보기에도 당신에게 피해를 줄 것 같은 '나쁜 사람'이라면 주변 사람들에게 그에 대해 불평해도 당신의 괴로움에 공감할 거예요. 그러면 그 사람으로부터 도망갈 방법을 찾기 쉽지요.

하지만 '언뜻 보기에 좋은 사람'의 경우는 이렇게 대처하기 어렵기 때문에 '좋은 사람에게 화를 내는 내가 잘못된 거야'라고 자책합니다.
'저 사람에게는 이런 좋은 점이 있는데 나는……'이라고 그와 자신을 비교하게 되지요.

- ● 저 사람은 옳은 일을 하고 있는데
- ● 저 사람이 나를 괴롭힌 것도 아닌데
- ● 저 사람은 내가 참고 견디길 바라고 있는데

결국 '자신의 나쁜 점'만 눈에 들어옵니다. 그래서 아무도 당신에게 뭐라고 하지 않았는데 '틀림없이 누군가가 나를 비난할 거야'라고 미리 스트레스를 받습니다.
모든 것은 자신의 추측일 뿐이죠. 이런 생각을 반복하다 보면 '자기혐오 고통'이 심해집니다.

나를 자책하는 마음이 들게 하는 사람

89페이지의 〈에너지 뱀파이어는 당신의 급소를 자극한다〉에서는 '4가지 중간 목표'에 따른 당신의 4가지 급소를 살펴보았습니다. '언뜻 보기에 좋은 사람'은 당신의 '자책감'을 자극하는 경우가 많아요. '자기 자신을 자책하는 마음'은 우울할 때 특징으로 나타나는 감정이기도 합니다.

사실 자책감은 카운슬러도 다루기 어려운 감정 중 하나예요.
내담자들은 자책감 때문에 그 사람으로부터 도망가지 못하거나 회사를 그만둘 수 없습니다. '내가 잘못된 거야', '지금 그만두면 주변 사람들에게 폐를 끼치게 될 거야'라는 생각에 빠져서 이러지도 저러지도 못하지요.

'사채'를 받아내는 방법에는 이러한 심리 테크닉이 숨어 있다는 말을 들은 적이 있습니다.
실제로 빚을 받아내려면 영화에서 보는 것처럼 '빌려 간 돈을 당장 갚아!'라는 식의 강경한 태도를 보이면 안 된다고 해요. 오히려 전화를 걸어 부드러운 목소리로 "빌려 간 돈을 돌려주지 않으시면 담당자인 제가 해고됩니다", "아이가 있어서 돈이 많이 필요합니다. 사람 하나 살리는 셈 치고 도와주세요", "적은 금액이라도 돌려주세요"라는 식으로 말해야 한다고 합니다.

'그 사람을 도와주지 않으면 후회할까 봐 두렵다, 견딜 수 없다'는 죄책감을 자극하는 방법이지요. 채무자에게 이렇게 말하는 편이 결과적으로 돈을 받아내기 쉽습니다.

여러분 직장에도 "나는 지금 힘들어!"라고 하소연을 늘어놓는 사람이 있을 거예요.

주변 사람들에게 아무렇지도 않게 귀찮은 일을 떠넘기는 사람이죠. '언뜻 보기에 좋은 사람'은 '힘듦'을 무기로 다른 사람의 자책감을 자극합니다.

당신은 이를 깨닫지 못하고 상대방을 배려하면서 계속 참으려고 합니다. 게다가 '내가 화를 내서 그 사람에게 미안하다'라고 자신을 자책하게 돼요.

인간은 '무언가를 받으면 답례를 해야 한다고 생각하는 경향'이 있습니다. 심리학에서는 '상호성의 법칙'이라고 해요.

마트에서 시식을 하고 나서 그 상품을 장바구니에 넣지 않으면 왠지 모르게 미안한 마음이 생기는 것도 '자책감'을 자극하는 상호성의 법칙 때문이에요. 누군가가 여행지에서 선물을 사 오면 다음번에는 내가 선물을 사 가야만 하는 것처럼, 이 법칙은 일상생활에서 흔히 접할 수 있습니다.

자기혐오에 쉽게 빠지는 마음의 원인은 무엇인가

본래 '자책감'에 쉽게 빠지는 성격이 있습니다. 우리가 어릴 시절, 부모님이나 선생님에게 배웠던 '이렇게 해야 한다'라는 마음가짐은 '아이 마음이 가진 강점'이면서 '자책감'과도 연결이 됩니다.

당신은 부정적인 감정을 느낄 때 이런 식으로 자기 자신을 설득하고 있지는 않나요?

'사소한 일로 끙끙거리면 안 돼', '이런 일로 화를 내면 보기 안 좋아', '부정적으로 생각하면 안 돼!'라고 말이지요.

'참고 견딘다', '계속한다', '노력한다', '혼자서 한다', '끝까지 한다'를 정리해보면 '노력'과 '인내'를 내세운 마음가짐입니다. 어른이 되어 사회에 나갔을 때 이런 마음가짐이 몸에 배어 있어야 고생하지 않는다고 어릴 때부터 배우지요.

어린 시절에는 몸과 마음이 한창 성장합니다. 어떤 일이라도 열심히 하라면 할 수 있고, 힘들어도 참으면 할 수 있는 일이 많아요.

다른 의미로는 '열심히 해도 안 되는 일은 노력과 인내가 부족하기 때문이다'라는 숨어 있는 메시지를 조심해야 합니다.

당신이 '언뜻 보기에 좋은 사람' 때문에 괴로움을 느낄 때 '나의 노력과 인내가 부족해서야'라고 자책하게 되는 것은 **당신이 아직 '아이 마음이 가진 강점'만으로 문제를 극복하려고 했기 때문일지도 몰라요.**
격려는 부정적인 감정을 가다듬기 위해서 어느 정도 필요한 방법이기는 하지만, 항상 그런 대처밖에 못 하면 정작 중요한 '감정'은 내버려두게 됩니다. 자기 자신을 지키기 위해서 어렵게 SOS 신호를 보냈는데 이를 무시해버리면 '자책감'의 원인이 됩니다.

지친 감정을 견디면 언젠가는 괜찮아질까

'아이 마음이 가진 강점'의 뒷면에는 또 다른 메시지가 숨어 있어요. 바로 '네 생각은 틀렸어. 정답은 교과서에 나와 있는 것, 부모님과 선생님이 알려준 거야'라는 내용입니다.

공동체 생활을 하는 학교에서는 아이들이 마음대로 행동하는 것을 금하지요. 아이들은 사회성을 기르기 위해서 다양한 욕구나 감정을 억누르는 연습을 반복합니다.

특히 동양에서는 아이들에게 어른들의 표정을 보고 '분위기'를 읽은 다음, 어떻게 행동할 것인지 결정하도록 요구하는 분위기가 있어요.

이러한 환경에 순응하며 자라다 보면 어른이 되어서도 '내 감각과 생각은 틀렸어. 필요 없어. 무시해야 해'라는 부정적인 감정이 듭니다. **어릴 적에 '착한 아이'라고 칭찬을 받으며 자란 사람일수록 어른이 되어서도 그런 태도에 얽매이게 돼요.**

슬퍼서 눈물을 흘리고 있으면 "언제까지 울 거야!"라고, 칭찬을 받아서 들떠 있으면 "칭찬을 받지 못한 친구를 배려해야지"라는 말을 들으며 감정을 드러내지 말라고 배우지 않았나요?

그렇게 자라 어른이 되어 '언뜻 보기에 좋은 사람'을 만나면, 피곤한 상대방을 필사적으로 참고 견디며 자신의 지친 감정을 억누르려고 합니다. 그러나 결국 참지 못한 자신을 자책하면서 자신에게 혐오감마저 느끼게 되지요.

한편 자유롭게 행동하는 것처럼 보이는 주변 사람들을 보면 이유 없이 화가 납니다. 그런 분노까지 억누르게 되는 것이죠.

지금이 몸에 배어 있던 '아이 마음이 가진 강점'을 버려야 할 때일지도 모릅니다.

어른의 마음은 '유연함'과 '부드러움'이 강점이다

'노력'과 '인내'가 주특기인 아이 마음은 어른이 된 당신에게는 '자책감'을 느끼게 한다고 했지요. 이제 우리가 익혀야 할 어른의 마음은 '유연함'과 '부드러움'입니다.

우리는 항상 자신의 '감각'을 굳게 믿고 의지해야 해요. **모든 일에 균형을 유지하고 어떤 일이라도 정도가 중요하다는 것을 믿어야 합니다.** **즉, '자신만의 기준'이 있어야 해요.** 참기만 해서는 안 될 때도 있고, 체념이 필요할 때도 있습니다.

어른이란 그동안의 많은 경험을 통해 노력만으로 이루어지지 않는 일도 있다는 것을 아는 사람이에요.

아이 마음이 가진 강점		어른 마음이 가진 강점
처음부터 완벽하게 한다	⬌	먼저 움직여본 다음, 생각하면서 한다
전부 한다	⬌	포인트를 파악하고 불필요한 부분은 하지 않는다
모든 힘을 다한다	⬌	그냥 열심히 한다고 되는 것은 아니다, 힘을 빼는 게 도움이 된다
성장한다	⬌	성장하는 데는 시간이 걸린다, 어느 지점까지 오면 더는 성장하지 않기도 한다
혼자서 한다	⬌	필요에 따라 주변 사람들의 힘을 빌리자, 다른 사람과 서로 의지하면서 더 큰 일을 할 수 있다
끝까지 한다	⬌	상황에 따라 방식을 바꾸거나 포기하는 용기가 필요하다
도망가지 않는다	⬌	자신의 실력과 어려운 부분을 분석한 후, 문제가 될 상황을 만들지 않기 위해 도움을 요청하는 것도 중요하다

어른이 되고 나서 부딪히게 되는 사건이나 문제는 여러 요소가 서로 복잡하게 얽혀 생긴 거예요. '아이의 마음이 가진 강점'은 참고 견뎌야 할 때는 도움이 돼요.

하지만 **어른이 되고 나서는 오히려 '어른의 마음이 가진 강점'인 유연함이 더 도움이 된다는 것**을 실감하고 있습니다.

지금 당신이 '언뜻 보기에 좋은 사람'과 복잡한 인간관계에 얽혀 있다면, 어쩌면 지금이야말로 '어른의 마음이 가진 강점'을 익힐 수 있는 기회가 될 수도 있어요.

실패에 굴하지 않고 자신과 타인을 격려할 줄 아는 사람, 혹독한 경험으로 무너지는 것이 아니라 자양분으로 삼을 수 있는 사람이 어른입니다.

다음 장에서 우리는 여러 유형의 '언뜻 보기에 좋은 사람'에게 어떤 식으로 대처해야 하는지, 어떻게 거리를 두어야 하는지 구체적으로 살펴보도록 해요.

제4장

에너지 뱀파이어로부터

나 자신을 지키자

너무 기뻐! 정말 최고!

위험한 사람을 만나면
어떻게 대처해야 할까

'언뜻 보기에 좋은 사람'은 소모 고통, 경계 고통, 자기혐오 고통 중 어느 '고통'을 자극하는 것일까요? 그 구조를 알게 되면 상대방과 적절한 거리를 두면서, 그 사람이 위험하다는 생각이 들 때 즉시 도망갈 수 있습니다.

제4장에서는 12가지 유형의 '언뜻 보기에 좋은 사람'을 살펴볼게요. 유형마다 다음을 제시합니다.

- 고통의 원인(소모, 경계, 자기혐오 중 하나)
- 위험도(★★★★★가 가장 위험)
- 대처법
- 상대방을 꼼짝 못 하게 만드는 한마디〔나에게 건네는 한마디〕

당신을 괴롭게 하는 '언뜻 보기에 좋은 사람'은 어느 유형에 가까울까요? 어쩌면 복합적인 유형의 사람일지도 모릅니다.

그동안 '변하지 않는 상대방'에게 자신을 맞추려고 애쓰거나, 상대방의 태도에 의문이 들어도 참지 않았나요? 이제 용기를 내서 상대방이 꼼짝 못 하도록 한마디 해봅시다.

그렇게 하면 마음이 가벼워질지도 몰라요. 또 상대방이 그렇게 신경 쓰이지 않게 될 수도 있습니다. 그것이 바로 이 대처법의 목표라고 할 수 있지요.

물론 어떤 대처법을 한번 실천했다거나 그에게 한마디 했다고 해서 상대방과의 관계가 100퍼센트 해결되는 것은 아닙니다.

오랫동안 참아왔던 사람일수록 '빨리 상대방과의 관계를 해결하고 싶다'라는 조바심이 생기겠지만 저는 그런 사람에게 '40번, 400번의 법칙'을 소개합니다.

생각하는 습관을 바꾸기 위해 40번 노력을 해야 어떤 결과를 얻을 수 있어요. 더 나아가 400번의 노력을 계속하면 '몸에 배어서 저절로 하게 되는 수준'까지 도달하게 됩니다.

제가 내담자들과 상담했던 경험에서 나온 숫자입니다.

그저 결과를 얻고 싶다는 마음만으로는 상대방과의 관계가 바뀌지 않아요. 여러 번의 시행착오를 겪으면서 실천하는 연습을 거듭해야 조금씩, 그러나 확실히 상대방과의 관계를 바꿀 수 있습니다.

「이거 사 왔는데, 먹어봐」

과자, 책, 여행지에서 산 물건 등의 선물을 만날 때마다 마구 주는 친구가 있습니다. 센스는 나쁘지 않지만 제가 가지고 싶었던 물건이 아닌 경우가 더 많아요. 가끔 비싼 선물을 주기도 하는데 계속 받기만 했더니 마음이 편치 않습니다.

그 친구를 만나는 날만 되면 '뭐라도 사 가야 하는 걸까', '답례를 해야 하는데'라는 생각이 머릿속에서 떠나지 않아요. '혹시 나에게 뭔가를 기대하고 있는 걸까. 그렇다면 그것은 무엇일까'를 고민하기 시작하면서부터 왠지 친구와의 만남이 고통스럽게 느껴집니다.

● **선물을 받지 않는 것이 오히려 상대방에게 상처를 주지 않을까요?**

○ 고통의 원인 = 경계, 자기혐오

○ 위험도 ★

당신은 물건을 받으면 꼭 답례를 해야 한다고 생각하지 않나요? 오늘도 친구가 무언가를 가져오지 않을까 하고 '경계'하게 되면 물건을 받는 즐거움이 괴로움으로 바뀌기 마련입니다.

좋은 뜻으로 선물을 주는 사람을 멀리하려는 자신에게 '혐오감'이 들기도 하지요. 지금까지 말한 것처럼 왠지 모르게 상대방을 경계하거나 '선물을 주는 사람을 싫어하다니 나는 나쁜 사람이야'라는 자기혐오에 빠지면 에너지는 저절로 조금씩 낭비됩니다.

그러나 항상 스트레스를 받는 것이 아니라 친구와의 만남을 전후로 느끼는 스트레스여서 위험도는 ★라고 할 수 있어요.

대처법

스트레스를 받지 않기 위해서는 먼저 냉정하게 '상황 판단'을 해야 합니다.

왜 친구는 당신에게 선물을 주고 싶어 하는 걸까요? 친해지고 싶거나, 당신이 기뻐하는 모습을 보고 싶기 때문은 아닐까요? 친구가 경제적으로 여유가 있고 당신에게 무언가를 기대하는 것도 아니라면 솔직하게 고맙다는 인사를 하고 물건을 받아도 괜찮습니다.

저는 누군가가 선물을 주면 감사히 받고 있어요. 저는 인간의 타고난 본성은 선하다고 믿기 때문에 무언가를 주고 싶어 하는 마음을 있는 그대로 받아들이려고 합니다.

반대로 선물을 받지 않는다면 친구의 마음은 어떨까요? 호의를 '거절당했다'라는 기분이 들어서 상처를 받을 수 있어요.

무언가를 '주고 싶다'라는 마음은 당신이 그 물건을 받아야 채워질 것입니다. 당신도 친구와 만나서 이런저런 이야기를 나누는 것으로 충분히 도움을 주고 있으므로 이미 '주고받기'가 이루어진 셈이죠.

그렇지만 갖고 싶지도 않았던 물건을 선물 받았다고 해서 마음에도 없는 말을 하지 마세요. 기쁨을 지나치게 과장해서 표현하지도 말고요. 상대방은 과장한 모습을 보고 '더 많이 주고 싶다'라는 마음을 품게 되었는지도 모릅니다.

친구와 같이 쇼핑을 하러 갔을 때 "나는 이런 것보다는 저런 물건이나 저런 색을 좋아해"라고 당신의 취향을 알려주거나 "요즘 미니멀 라이프를 실천 중이야. 이제 더는 물건을 둘 데가 없어"라고 말하는 것도 현명하게 거절하는 방법 중 하나입니다.

받고 싶지 않은 물건을 주려고 하면 누군가를 모델로 삼아 '저 사람이라면 어떤 말을 할까'라고 상상하며 말해볼까요?

친근한 사람에게 이 선물을 받고 어떻게 말할까요? 반말로 이야기하는 천진난만한 이미지의 연예인이라면, "고맙지만 사양할게!"라고 밝은 목소리로 말할지도 몰라요.

이렇게 자신의 이미지에서 벗어나 다른 누군가를 상황 모델로 삼으면 다양한 방법으로 거절해볼 수 있습니다.

[상대방을 꼼짝 못 하게 만드는 한마디]

"요즘 미니멀 라이프를 실천 중이야."

저는 혼자 살고 있습니다. 그런데 정년을 앞둔 독신 이모가 예고도 없이 "오늘 자고 가도 되지?"라고 불쑥 집에 찾아오곤 해요.

이모는 남을 잘 챙기는 성격이라서 제가 좋아하는 브랜드 물건을 사주거나 직접 이것저것 음식을 만들어줍니다. 또 "요즘 피곤해 보이던데 걱정이 돼서. 몸에 좋은 거야"라며 건강식품을 챙겨주기도 하지요.

다음에 또 온다며 자신의 잠옷과 칫솔, 헤어 제품까지 놓고 가는 바람에 이러지도 저러지도 못하고 있습니다.

이모에게 몇 번인가 냉담한 태도를 보였더니 처음에는 조심하는 듯하다가 얼마 지나지 않아 다시 오더군요.

저와 엄마는 사이가 별로 좋지 않은데 이모도 저와 비슷한 상황이라서 처음에는 서로 공동체 의식 같은 게 느껴졌습니다. 이모는 또 싱글 생활이 외롭다고 느끼고 있는 것 같아요.

가족이니까 딱 잘라 거절하기는 어렵지만 지금 이렇게 나를 챙겨주는 데는 '노후에 무슨 일이 생기면 보살펴달라'는 의도가 숨어 있을지도 모른다는 생각이 듭니다.

아직 무슨 일이 생긴 것은 아니지만 얽매이는 듯한 느낌이 들어요. 요즘은 이모에게 전화만 와도 마음이 어수선합니다.

- ● **당신의 생각을 이모에게 직접 물어봅시다.**
- ○ 고통의 원인 = 경계, 자기혐오
- ○ 위험도 ★★

당신을 챙겨주는 것 하나하나가 부담스럽게 느껴지는 이유는 '노후에 무슨 일이 생기면 보살펴달라'는 의도가 숨어 있을 것 같다는 생각이 들기 때문이겠지요.

부모와 자식, 부부, 친척처럼 가족이라는 존재는 상대방을 걱정할수록 거리가 가까워집니다.

서로에게 따뜻한 난로와 같은 존재가 되어주는 것은 고마운 일이지만, 난로가 너무 가까이 다가오면 뜨거워서 화상을 입게 돼요. 화상을 입지 않기 위해서는 그 사람과 거리를 두어야 합니다.

그런데 상대방의 외로움도 어느 정도는 이해가 되기 때문에 좀처럼 거리를 두기란 쉽지 않아요. 냉담한 태도를 보이는 자신이 혐오스러워 고통스럽기도 하지요.

그럼에도 이모에게 전화가 올 때마다 스트레스를 받는다는 것은 '경계 안테나'가 위험을 감지했다는 의미예요. 앞으로의 상황이 바뀌지 않으면 당신의 에너지는 점점 줄어들지도 모릅니다.

대처법

　이런 문제로 고민하는 내담자가 상담을 받으러 온다면 저는 "문제의 구조를 정확하게 파악하고 있나요?"라고 물어볼 거예요.
결국 문제는 '노후에 무슨 일이 생기면 보살펴달라'는 의도가 숨어 있을지도 모른다는 생각이 든다는 거잖아요. '생각이 든다'라는 것은 어디까지나 당신의 추측일 뿐입니다. '어떤 의도가 숨어 있는 것은 아닐까'라고 고민하다 보면 당신은 계속 이모를 '경계'하면서 고통을 느낄 거예요.
그런 식으로 에너지를 소모하는 것이 당신이 해결해야 할 문제입니다.

　직접 말하기는 어려워도 용기를 내서 "노후 준비는 어떤 식으로 하고 있어요?"라고 물어보면 어떨까요? 이모는 자신의 노후를 대비하기 위해서 착실히 돈을 모으고 있을지도 모릅니다.
정말로 이모가 보살핌을 바라고 있다면 도움을 줄 수 있는지 없는지 결정하고 가족들과 의논하세요. 그 후 이모와 구체적으로 이야기를 나눠야 문제를 잘 해결할 수 있습니다.

　이모는 나와 다른 사람이므로, 문제를 '시각화'하는 편이 '어쩌면'이라는 추측으로 에너지를 소모하는 상황을 좋은 쪽으로 바꿀 수 있습니다.
챙겨주는 것이라고 해도 얽매이는 느낌이 들면 참지 말고 인정해야 해요. 요즘 너무 피곤해서 혼자만의 시간이 필요하다고 하거나, 누군가 집까지 찾아오거나 자주 연락하는 게 부담스럽다고 확실히 전하세요.

[상대방을 꼼짝 못 하게 만드는 한마디]

"노후 계획은 잘 준비하고 있어요?"

제 직속 상사는 성격이 온화하고 사교적이어서 모두에게 좋은 평가를 받고 있습니다. 취미가 다양한 그와 이야기를 나누면 저도 즐거워요.

하지만 그의 정체는 부하 직원을 힘들게 하는 상사랍니다.

회의 시간에는 부드러운 목소리로 "무엇이든 말해보게", "자네에게 맡기겠네"라고 해놓고, 업무의 방향성만이라도 제시해달라고 하면 아무 반응이 없습니다. 간신히 내용을 정리해서 제출했더니 "음, 이게 아닌데"라고 퇴짜를 놓더라고요.

얼마 전에 거래처와 문제가 생겼을 때는 "부하 직원에게 모두 맡겨놓은 상태라 제가 파악하지 못했네요"라고 저에게 슬쩍 책임을 미루더군요!

상사는 스마트하고 친화력도 뛰어나 회사 내에서 인기가 많습니다.

그에 대해 험담을 하고 싶어도 제 말에 공감하는 사람이 없어요. "일 잘하는 부하 직원이 있어서 행복합니다"라고 거래처에 가서 마음에도 없는 소리를 할 때는 화가 나서 참을 수가 없습니다.

> ● **증거를 남겨두고, 상사가 지시를 내릴 수밖에 없는 상황을 만들어야 해요.**
> ○ 고통의 원인 = 소모, 경계
> ○ 위험도 ★★★

업무 방향도 제시해주지 않으면서 내용을 고쳐 오라니 그야말로 '언뜻 보기에 좋은 사람'이네요. 보고서를 다시 정리해서 제출하려면 실제로 업무량이 늘어나기 때문에 에너지를 소모하게 됩니다.

'다음번에도 퇴짜를 놓을지도 몰라', '또다시 나에게 책임을 미루면 어떡하지'라고 항상 불안에 시달리며 '경계'하게 되면 그 상사 얼굴만 봐도 화가 날 거예요.

당신은 이미 많은 에너지를 사용해서 피로가 제2단계로 진입한 상태입니다.

이러한 유형의 상사는 우리 주위에서 많이 볼 수 있어요.

훌륭한 상사란 부하 직원의 실수를 책임지는 사람입니다. "자네에게 맡기겠네"라고 말하는 상사는 언뜻 보면 좋은 상사 같지만 아니에요. '책임을 지지 않는다', 즉 '리더로서 역할을 다하지 않는다'는 측면에서 나쁜 상사지요.

"자네에게 맡기겠네"라는 말을 들으면 상사가 당신의 능력을 인정하고 믿고 의지하는 것처럼 느껴져서 처음에는 기분이 매우 좋습니다.

그러나 문제가 생겼을 때야말로 상대방의 정체가 드러나지요. 부하 직원에게 책임을 미루는 그 사람은 '나쁜 상사'라는 사실을 당신도 분명히 알게 될 것입니다.

대처법

상사라는 직급도 이런저런 이유로 힘든 법이지요. 자신의 에너지 소모를 막으려면 누군가에게 의지해야 합니다.

당신처럼 일 잘하는 부하 직원이 있으면 의지하고 싶다는 마음이 생기는 것도 당연할 거예요.

하지만 상사가 어떻게 생각하든 그의 분명하지 못한 태도에 휘둘려서 에너지를 빼앗기고 피해를 입는 건 당신입니다. 그것이 문제의 원인이자 해결의 실마리가 되기도 하지요.

어찌 되었든 간에 당신의 에너지 소모를 되도록 줄이려면 자기 자신을 지키기 위한 대책을 마련해야 합니다. 그 대책은 이론적인 방법이 아니라 실현 가능한 방법이어야 해요.

문제가 생기고 나서 뒤늦게 상사가 "부하 직원에게 모두 맡겨놓은 상태라 몰랐네요"라고 말하지 못하도록 모든 업무 진행 상황을 메일로 보내서 증거를 남겨놓는 식으로요.

포인트는 상사보다 한 직급 위에 있는 상사까지 포함해 모든 팀원을 참조인으로 지정해서 메일을 보내는 거예요.

다른 사람들이 함께 있는 자리에서 업무 진행 상황에 대해 보고하는 방법도 있습니다. 일대일로 업무를 처리하는 것이 아니라 증인을 확보한다는 생각으로 의사 결정이나 서로의 판단에 대한 흔적을 남겨야 해요.

나중에 상사가 "보고받은 적이 없는데"라고 말하더라도 메일로 증거를 남겨두었거나, 업무 보고를 했을 때 주위에 업무를 공유한 다른 사람이 있으면 "지난번에 아무것도 지시하지 않으셨지요?"라고 대답할 수 있습니다.

조금 번거롭더라도 자기 자신을 지키기 위해서는 실현할 수 있는 방법과 상사가 해야 하는 업무를 '시각화'하는 편이 좋아요.

상사에게 "업무의 방향성을 제시해주세요", "최종 결정을 내려주세요"라고 요청하면서 그가 지시를 내릴 수밖에 없는 상황을 만들어야 합니다.

[상대방을 꼼짝 못 하게 만드는 한마디]

"메일로 보내드렸습니다!"

「정말 최고야」라는 목소리

직장 동료는 성격이 밝고 명랑한 친구예요. 일도 잘하고 크게 문제 될 만한 부분은 없지만, 항상 지나치게 들떠 있는 목소리가 귀에 거슬립니다.

저는 평범하게 일에 집중하고 있었을 뿐인데 갑자기 얼굴을 들이밀면서 "왜 그래, 혹시 어디 아파?"라고 하는 거예요. 또 "어젯밤에 라이브 공연을 보러 갔는데 정말 최고였어!"라고 주변 사람들에게 강아지가 멍멍 짖듯 말하는 목소리만 들어도 왠지 피곤해집니다.

좋은 사람인데, 그 친구의 말이나 목소리에 일일이 반응하며 화를 내는 저 자신이 한심해요.

● **'그 직장 동료가 회사에 없다면?'이라고 상상해봅시다.**

○ 고통의 원인 = 자기혐오

○ 위험도 ★

솔직히 좀 시끄러울 수도 있겠네요. 직장 동료의 목소리가 '시끄러운 소리'로 들리면 스트레스를 받을 수밖에 없습니다.

피곤할수록 상대방의 들뜬 목소리가 귀에 거슬리지요. 화를 내면서 '좋은 사람에게 이러다니 나는 한심한 사람이야'라고 계속 '자기혐오'에 빠집니다.

대처법

이런 경우는 '그 동료가 우리 회사에 없다면'이라는 관점에서 상대방을 바라보는 방법을 추천합니다.

지금은 그 동료가 사무실 분위기를 밝게 만드는 역할을 하고 있을 거예요. 그래서 당신은 회사에서 자신만의 페이스를 유지할 수 있는 것이고요.

그런 동료가 없다면 당신이 그를 대신해서 억지로 '사무실 분위기를 띄우는 역할'을 떠맡게 될지도 몰라요.

그렇게 생각하면 그 동료가 다른 사람한테 받을 스트레스를 완화해주고 있다는 관점이 생길 수 있습니다.

본래 인간은 피곤해지면 눈앞에 있는 상대방을 '좋은 사람' 혹은 '나쁜 사람'처럼 둘로 나누어 생각하려고 해요. 당신도 알고 있듯이 그에게도 많은 '장점'이 있을 거예요.

그저 자신의 가치관대로 100퍼센트 '좋은 사람의 이미지'를 만들어놓고는 상대에게 그 이미지에 맞지 않는 점을 발견하면, '역시 나쁜 사람이었어'라고 쉽게 판단하는 거예요.

사람을 파악하는 방법을 바꾸면서 자신의 피로를 관리하는 것이 중요합니다. 그 방법은 제5장에서 설명하도록 할게요.

지나치게 들떠 있는 사람이지만 사실은 당신에게 해를 끼치는 사람이 아니라고 생각하게 되면, "목소리 좀 낮춰줄래?"라고 말하면서 가볍게 넘길 수 있습니다.

[상대방을 꼼짝 못 하게 만드는 한마디]

"목소리가 너무 커. 조금만 낮춰줄래?"

「있잖아, 저 사람 말이야」

학부모회 활동을 통해 알게 된 A와 같은 아파트에 살고 있어요. 성격이 매우 활발하고 친구도 많아서 정보통이라고 불립니다. 어려울 때 서로 의지할 수 있는 좋은 친구가 생긴 것만 같았어요. 하지만 A는 항상 누군가의 험담을 늘어놓습니다. 험담에 애매모호한 반응을 보였더니 자신의 의견에 공감해달라는 듯이 더욱 강한 어조로 그 사람을 비판하더군요.

'이것저것 아는 게 많은 사람이니 도움이 될 거야'라고 생각해서 A의 이야기를 흥미롭게 들었던 저에게도 잘못이 있습니다. 그러나 날마다 누군가의 나쁜 소문을 듣고 와서 퍼뜨리는 모습을 보니 마음이 불편하고 왠지 기분이 좋지 않아요.

● **부정도 긍정도 하지 않고 중립을 유지하세요.**

○ 고통의 원인 = 경계, 자기혐오

○ 위험도 ★★

당신은 누군가의 험담을 들을 때마다 '분명 다른 사람 앞에서는 내 험 담을 저렇게 하겠지'라고 '경계'하게 될 것입니다.

또 '그의 의견에 동감하면 나도 저 사람한테 가담하게 되는 거야', '저 사람과 똑같은 사람이 되는 거야'라고 '자기혐오'도 느끼고 있지요.

그렇지만 "잘 모르는 사람에 대해 나쁘게 말하는 것은 옳지 않아"라고 맞는 말을 해도 통할 것 같은 사람은 아닙니다.

A가 결국 당신을 적대시하면서 다음번 공격 대상으로 삼을 가능성도 높지요. 자기혐오와 경계에 의한 갈등이 계속되는 상황입니다.

대처법

맞장구를 치기도 NO라고 말하기도 어려운 상황입니다. 상대방 을 적으로 만들고 싶지 않기 때문이지요. 애초에 진심으로 싸울 사람 도 아닌 것 같으니 일부러 친해질 필요도 없습니다.

이런 경우는 '애매모호한 대답을 계속한다'는 방법이 있어요. "아, 그 렇구나", "정말? 그건 몰랐네", "아니, 눈치채지 못했어"라는 식으로 부 정도 긍정도 하지 않는 태도를 유지하는 것입니다.

'상대방이 하는 말에 부정하지는 않으나 나에게는 나만의 감각이 있 다'라는 식으로 선 긋기를 하세요.

중립을 지키면서 균형 감각 있게 대응할 수 있는 것이야말로 '어른 마 음이 가진 강점'이라고 할 수 있습니다. 당신과 이야기해도 재미없다 고 느껴지면 머지않아 상대방도 자연스럽게 떠나요.

[상대방을 꼼짝 못 하게 만드는 한마디]

"전혀 눈치채지 못했어."

「진짜 짜증 나」

저에게는 입사 동기인 친구가 있어요. 서로 취미가 비슷해서 SNS로도 연락을 주고받고 있습니다. 휴일에는 같이 놀러 다니며 10년 가까이 친하게 지냈지요.

동기는 성격도 밝고 업무 능력도 뛰어나서 상사와 직장 동료에게 인기가 많은 편이랍니다.

하지만 요즘 그 친구 때문에 고민이 생겼어요. 같이 점심을 먹을 때마다 이야기의 주제가 항상 '불평'이라서 이제는 진절머리가 날 지경입니다. "이렇게 열심히 노력하고 있는데 상사가 나를 인정해주지 않는다", "아이가 내 말을 듣지 않는다"라고 끊임없이 하소연을 늘어놓아요.

불평을 충분히 말하지 못한 날에는 저에게 장문의 메시지를 보내기도 합니다.

저도 나름대로 이런저런 조언을 해주지만, 들으려는 모습조차 보이지 않네요. '그냥 이야기 들어줄 사람이 필요해서 나를 만나는 것은 아닐까'라고 생각하니 정말 피곤합니다.

이렇게 불평하는 것만 빼면 딱히 나쁜 점은 없는 친구인데, 만나면 화가 나요.

> ● **이야기를 들어주는 것만으로도 충분히 도움을 주고 있습니다.**
> ○ 고통의 원인 = 소모, 경계
> ○ 위험도 ★★

아마 불평쟁이 친구가 자신의 약함을 강조하면서 말하기 때문에 당신은 '이야기를 들어줘야 해'라고 느끼는 것이겠지요. 친구라서 무심코 상담을 해주다 보니 불평을 들어주는 것이 당연한 게 되어버렸고요.

하지만 열심히 이야기를 듣는 것만으로도 에너지 '소모'가 되지요. 특히 분노, 불안 등의 감정은 주위에 있는 사람에게도 전해집니다.

당신이 친구에게 어떻게든 도움을 주고 싶은 마음으로 조언을 해도 효과는 없어 보입니다. 그렇게 되면 당신 입장에서는 문제에 대해 함께 고민을 했다는 것조차 에너지 '소모'가 되고, 친구와 만나는 것을 '경계'합니다.

대처법

당신에게 하소연을 늘어놓는 친구의 목적은 무엇일까요? 아마 '불평'을 이야기하는 자체로 만족해할 수 있어요.

당신의 조언은 필요하지 않을 수 있습니다. 인간이란 누군가가 자신의 이야기를 들어주고, 고개를 끄덕여주는 것만으로도 마음이 가벼워지는 법이니까요.

앞으로는 딱 잘라 '나는 네 이야기를 들어주는 것만으로 도와주고 있다'는 태도를 보이면 어떨까요?

이야기를 들어주는 것만으로도 사실 충분히 도움을 주고 있는 겁니다. 고개를 끄덕여주기만 하면 돼요. '어떻게 그 문제를 해결하지?'로 생각하지 않으면 불필요한 에너지 손실을 막을 수 있습니다.

친구에게 메시지가 와도 '내용을 읽었다'는 것만 전달할 수 있도록 짧은 답신만 보내도 괜찮아요.

'힘들겠다', '항상 응원하고 있어', '내일도 힘내자'처럼 세 문장을 바꾸어가며 간단하게 보내세요.

거리를 두는 방법도 있지만 관계를 한 번에 끊어버리면 '자기혐오'의 감정을 자극해 오히려 자신에게 부담이 될 수도 있어요.

관계를 크게 바꿀 생각이 없다면 함께 점심을 먹더라도 '자, 오늘도 흘려들어 볼까!'라는 밝은 태도로 대하는 방법도 좋습니다.

그 친구가 무슨 말을 하더라도 당신이 아무렇지 않게 대하면 불평을 말하기 어려워질 거예요.

그렇게 되면 '오늘은 괴로운 이야기 말고 즐거운 이야기를 해볼까'라고 친구 마음에도 변화가 올 수도 있죠.

[나에게 건네는 한마디]

"자, 오늘도 흘려들어 볼까!"

유형7
부하 직원에게
노력을 강요하는
일 중독 상사

우리 팀의 여성 과장님은 능력 있고 항상 신중하게 일하는 스타일이어서 주위의 평판이 좋아요.
저도 과장님을 존경해서 그 팀으로 부서 이동을 원했고, 원하던 대로 그 팀 소속 직원이 되었습니다.
그런데 다른 부서에서 일할 때는 전혀 몰랐는데 실제로 과장님 밑에서 일해보니 너무 지쳐. 능력이 뛰어나셔서 부하 직원인 제게 요구하는 업무 수준이 매우 높습니다.

과장님은 제가 좌절할 때마다 격려해주는 정말 좋은 분이에요. 다만 그분이 원하는 수준으로 일하지 못하는 제가 한심하지요.
얼마 전에 너무 힘들어서 "요즘 무리했더니 생리 불순이 생겼어요"라고 말했더니, 과장님은 걱정하지 말라는 듯 미소를 지으며 "나도 그런 적 있어. 괜찮을 거야"라고 하셨어요.
자진해서 그분 밑에서 일하기를 희망한 것이라서 도망가면 안 된다는 생각이 들지만, 이러다 정말 쓰러질 것 같습니다.

● **이미 저온 화상이 진행 중이에요.**
○ 고통의 원인 = 소모, 경계, 자기혐오
○ 위험도 ★★★

비교 대상이 유능한 만큼 '넘어야 할 장애물'도 높아져서 상대적으로 자신이 무능력하다고 느껴지는 거예요.

존경하는 '일 중독 과장'이 에너지 '소모'의 원인이라 '다음에는 어떤 힘든 과제를 내게 줄까' 하고 상사를 '경계'하게 되지요. 심지어 자신은 과장의 기대에 부응하지 못하는 '무능력한 사람'이라고 '자기혐오'에 빠집니다.

상사가 바로 '위험한' 유형의 '언뜻 보기에 좋은 사람'이라고 할 수 있어요.

그 사람 밑에서 일하기를 원한 것이 나 자신이기 때문에 참고 견딜 수밖에 없다고 생각하는 동안, 당신은 이미 저온 화상처럼 심각한 상태에 빠집니다. 자신도 모르는 사이 피로가 축적돼 건강이 악화되지요.

대처법

쓰러질지도 모른다고 느끼고 있는 위기감은 지금이 심각하게 생각해야 할 시기라는 것을 알려주는 경고입니다. 이대로 상사를 따라갈 것인지, 아니면 말지 결정해야 해요.

능력이 뛰어나고 에너지가 넘치는 사람의 페이스에 맞춰 함께 일하다 보면 '지금이 중요해!', '지금이 힘을 내야 할 때야'라는 생각에 사로잡히기 쉽기 때문에 혼자서는 좀처럼 결론을 내리기 힘듭니다.

제삼자와 상담받듯 이야기해보면 '앞으로 50년은 인생이 계속된다'라는 말이 이해되곤 하지요.
당신을 잘 아는 친구가 지금 상황을 본다면 어떤 말을 해줄까요?
"앞으로 살아갈 날이 50년이나 남았는데, 그 회사에서 일하다가 몸과 마음이 지쳐서 건강까지 잃으면 어떻게 할 거야?", "그 과장이 네가 입원해서 회사를 그만두게 되면 책임져줄 것 같아?"라고 할지도 모릅니다.
그런 관점으로 나의 문제와 조금 떨어져서 자신을 바라볼 수 있어요.

물에 빠진 사람은 근처에 떠 있는 튜브를 잡고 '이것을 놓쳐버리면 나는 죽을지도 모른다'라고 생각합니다. 하지만 이러한 관점에서 벗어나면 '어라, 발이 닿잖아'라고 깨닫지요.
너무 지쳐버려서 '내가 살 수 있는 방법은 이 튜브밖에 없다'라고 시야가 매우 좁아졌을 수 있습니다.
제5장에서는 내가 소중히 여겨야 할 것이 무엇인지, 그리고 그것을 위해 무엇을 최우선으로 해야 하는지 곰곰이 생각해봅시다.

[나에게 건네는 한마디]

"앞으로 내가 정말로 소중히 여겨야 할 것은 무엇일까."

「그 친구, 피곤한 모양이야」

막 직장을 옮겨서 불안감을 느끼고 있을 때, 제 이야기를 자주 들어주던 선배가 있었습니다.

선배와 술을 마시다가 그만 방심해버려서 "이전 회사에서는 이런 힘든 일이 있어서 마음고생을 했다"든가 "실연당한 지 얼마 되지 않았다" 혹은 "같은 부서의 저 사람은 전 남자친구를 닮아서 별로 마음에 들지 않는다"라는 이런저런 이야기를 털어놓고 말았어요.

그런데 다른 동료가 갑자기 "전 직장에서 힘들었다며?", "피곤해 보여서 일 시키지 말라고 선배가 말하던데 건강은 좀 괜찮아?"라고 묻는 거예요.

게다가 그 선배가 제가 담당할 예정이었던 업무를 가로챘다는 사실도 알게 되었습니다.

정보를 캐내서 저를 이용했다는 배신감이 들고, 제가 말했던 비밀 이야기를 또 누군가에게 퍼뜨리지 않을까 불안해서 마음이 조마조마해요.

선배는 직장에서 인기가 많아서 제가 나쁘게 말하고 다닐 수 없는 상황입니다. 내키진 않지만 선배가 해줬던 말도 따지고 보면 저를 배려해준 것이라 스트레스가 계속 심해지기만 해요.

그러던 어느 날, 선배와 둘이서 일하다가 평소에 친하게 지내는 어떤 남자 동료에 대한 이야기를 나누게 되었습니다. "네가 아직 눈치채지 못한 것 같아서 하는 말인데 저 사람 조심하는 게 좋을 거야. 사실은 말이야……"라고 그 남자 동료가 얼마나 교묘하게 다른 사람을 이용하는 이기적인 사람인지 많은 사례를 들면서 이야기하더군요.
정보통처럼 자신밖에 모르는 이야기를 하면서 '그 남자 동료는 정말 나쁜 사람이고, 선배는 저를 매우 걱정해주면서 여러 도움을 주는 좋은 사람'이라는 이미지를 만들었습니다.

왠지 모르게 그 남자 동료를 피하고 있을 무렵, 선배는 그와 함께 웃으면서 일하는 모습을 보게 되었어요. 당황해서 주변 사람들에게 그 동료에 대해 물어보니 역시 제가 처음 생각했던 대로 좋은 사람이었습니다.
반대로 선배에 대해서는 "그 선배, 정보를 조작하는 성향이 있어서 조심하는 게 좋을 거야. 나는 선배랑 이야기하지 않아야겠다 했지. 선배랑 이야기를 하다 보면 어느새 누군가의 험담을 자연스럽게 하게 되더라고"라며 충고를 해주더라고요.
이제는 누구를 믿어야 할지 도무지 모르겠습니다.

● **비밀 정보라는 '먹이'를 주지 말아야 합니다.**
○ 고통의 원인 = 소모, 경계, 자기혐오
○ 위험도 ★★★★

그 선배는 남다른 의사소통 능력으로 정보를 손에 넣고 '정보를 조작하는 사람'이었습니다. 신뢰할 만한 인상을 무기로 다른 사람의 약점을 잡는 데 뛰어난 인물이지요. 사교성이 좋은 여성에게 주로 볼 수 있는 유형입니다.

'내가 너를 지켜줄게'라는 분위기로 다가오기 때문에 당사자는 방심해서 이런저런 이야기를 하게 되는 거죠.

이런 사람이 바로 '언뜻 보기에 좋은 사람'이라서 첫 만남에 그 본모습을 알아차리기는 불가능합니다.

"나는 절대로 언뜻 보기에 좋은 사람에게 속지 않을 자신이 있어!"라고 말하는 사람일수록 그 사람의 목표물이 되기 쉽습니다. 아무리 경계하고 있는 사람이라도, 여러 번 상냥한 태도를 보이며 다가오면 '저 사람은 신용할 수 있어'라고 믿게 되지요.

비밀 정보를 빼앗겨서 상대를 '경계'하고 있는 상황입니다. 또 방심해 버렸다는 '자기혐오'와 주변 사람들에게 이야기를 퍼뜨릴지도 모른다는 불안감으로 에너지 '소모'가 있기 때문에 그 선배의 일거수일투족이 끊임없이 신경 쓰이는 것은 당연하지요.

대처법

'언뜻 보기에 좋은 사람'은 정보를 캐내려는 목적을 위해서 자신의 정체를 매우 능숙하게 숨기기 때문에 예방책을 세우기 쉽지 않습니다. 또 이런 사람은 의사소통 능력이 뛰어나서 쉽게 다른 사람의 마음을 사로잡지요.

나중에 근거 없는 소문이 퍼져서 "저 선배가 한 말은 사실이 아니에요"라고 말해도 사람들은 그 선배가 퍼뜨린 정보를 믿기 때문에 효과가 거의 없을 것입니다.

위험한 사람이라는 것을 알아차렸을 때 즉시 대처하는 게 현명한 방법이에요. 앞으로 '너를 도와줄게'라는 분위기를 풍기며 다가오거나 '나는 네 편이야'라고 당신의 말에 공감하는 자세를 보여도 아무렇지 않은 것처럼 당당하게 선배와 거리를 둡시다.

보이스 피싱 전화를 받으면 수상하다고 생각했을 때 즉시 끊는 게 중요하잖아요. 마찬가지로 되도록 상대방과의 물리적 거리를 두어야 합니다. 선배와 얼굴을 마주칠 것 같은 시간과 장소를 피하고 그가 말을 걸어도 길게 이야기하지 않는 거예요. 다른 사람의 이야기를 꺼내도 관심 없는 듯한 태도를 보여야 합니다.

또 그 선배에게는 '정보를 말하지 않는 것'이 중요해요. '남에게는 알리고 싶지 않은 비밀 정보', 즉 가장 좋아하는 먹이를 주지 말아야 합니다.

선배가 '주변 사람들에게 내 험담을 하면 어떡하지'라는 불안감이 들 거예요. 하지만 같은 회사에 다니는 선배가 당신의 이야기를 한다고 미리 막을 수는 없습니다. 다른 사람의 험담을 하며 우월감을 느끼는 것이 그 사람의 스트레스 대처법이기 때문이지요.

그러니 나에 대한 소문이 퍼질 것을 어느 정도 각오한 다음, 그 사람과 적당한 거리를 두어야 합니다. 이런 유형의 사람은 상당히 강적이에요. 무엇보다도 그에게 세뇌당하지 않도록 주의하며 자기 자신을 지킵시다.

[상대방을 꼼짝 못 하게 만드는 한마디]

"오늘 좀 바빠서 말이에요."

최근 신규 사업 준비팀에 들어가게 되었습니다. 그런데 리더가 너무 열정이 넘치고 뭐든지 긍정적으로 생각하는 사람이에요. 함께 일하는 직원들도 그를 '대단하다'라며 우러러보고 있습니다.

유능한 상사인 건 사실이지만 그의 입에서 나오는 말은 모두 그냥 맞는 말뿐이에요. "고객을 위해서 일해야 한다"든가 "지금 할 수 있는 최선을 다하자"라는 말을 입버릇처럼 합니다. 매일 막차까지 타며 야근을 하는 게 당연하다고 생각해요.

또 "이번 프로젝트를 위해서 주말에도 모여서 아이디어 회의를 하자"라고 하는데, 팀원들은 당연하다는 듯이 주말을 반납하고 회사에서 일하고 있습니다.

제가 무심결에 "주말 정도는 쉬는 게 좋지 않을까요"라는 말을 꺼냈더니 상사뿐만 아니라 팀원 모두가 저를 이상한 사람처럼 대하더군요. '나만 따라가지 못하는구나'라는 생각에 충격을 받아서 주변 사람들과의 관계도 불편해지고, 점점 일할 의욕이 떨어지고 있습니다.

> ● **"못 하겠습니다"라고 말하는 연습을 해보세요.**
>
> ○ 고통의 원인 = 소모, 경계, 자기혐오
>
> ○ 위험도 ★★★★★

상사와 주변 사람들이 에너지 넘치고 긍정적이군요. 게다가 업무 성과
도 좋습니다. 당신에게도 높은 완성도를 요구하는 상황이지요.
분명히 맞는 말이긴 합니다. 하지만 그런 분위기에 적응하지 못해 몸
과 마음이 지쳐 있는 사람이 그런 방식으로 일하면 점점 에너지를 '소
모'하고, 상사의 명령이 두려워지기 때문에 '경계'하게 됩니다.
이를테면 전국 우승을 계속하고 있는 선수팀에 들어온 평범한 사람이
라고 할 수 있지요. 당신과는 가치관이 다르므로 그들과 대화가 통하
지 않는 것입니다.

'나쁜 상사'라고 해도 객관적으로 보면 그다지 나쁘다고 말할 수는 없어
요. 결국 '일을 못하는 내가 잘못된 거야'라고 '자기혐오'에 빠집니다.
힘들지만 다들 하는 일이니 자신도 열심히 해야겠다고 마음을 먹지요.
실적을 올리고 있는 직장에서 '살아남지 못하면 장래가 불안해질 거야'
라는 생각 때문에 회사를 그만두지 못하니 피로는 점점 심해집니다.
사실 긍정적인 분위기를 강조하는 유능한 일꾼만 모인 직장에서 심한
피로를 느끼다가, 우울함에 빠져 상담을 받으러 오는 내담자가 상당수
있어요.

대처법

비교 대상이 너무 뛰어난 능력을 갖추고 있으면, 자신의 능력 이상으로 일해야 하기 때문에 힘듭니다. 같은 프로젝트를 함께하고 있어도 몸과 마음의 피로가 진행되는 상황은 확연히 다르지요.

주변 사람들이 피곤해하지 않아도 자신은 분명히 피곤하다는 것을 자각합시다. 피로가 제3단계까지 진행되면 생각이 고집스러워지고, 좀처럼 무언가를 스스로 결정하거나 대처하기가 어려워집니다.

피로가 더욱 심해지기 전에 상사와 직접 이야기해봅시다.

몸과 마음이 그들을 따라잡을 수 없을 때는 단호하게 "못 하겠습니다"라고 말해야 합니다. 왜냐하면 "이 프로젝트는 ○○해서 저에게는 너무 큰 과제 같아요"라고 자질구레한 이유를 말하면 "그럼 일을 조금 줄여주면 할 수 있을 거야", "다른 과제는 할 수 있을 거야"라고 상대방 입장에서 해결책을 제시하기 때문에 설득당할 우려가 있습니다.

구독하던 신문을 거절하듯 "이제 저희는 필요 없어요. 안 읽어요"라고 정확하게 의사 표명을 하세요.

몸과 마음이 망가지면 아무것도 남지 않습니다. "과장님은 그렇게 생각하실지도 모르지만, 저는 저만의 페이스로 일하겠습니다"라고 해봅시다.

상사가 집요하게 이유를 물으면 제 인생은 저만의 속도로 살기로 했다고 대답하면 됩니다.

지나치게 들릴지도 모르지만 그 정도로 단호하게 당신의 입장을 전달하는 것이 논쟁으로 이어지지 않는 방법입니다.

그 후에 팀을 떠날지 말지는 고용주 측과 상담해야 합니다. 최소한 이렇게 마음을 먹어야 지금 느끼고 있는 피로에서 벗어나 앞으로 나아갈 수 있습니다.

[상대방을 꼼짝 못 하게 만드는 한마디]

"저만의 속도로 살기로 했어요."

유형10

우울해하는
부하 직원을 더욱
몰아세우는 상사

직장 상사가 코칭을 너무 좋아합니다. 직원 교육에 연연하여 무슨 일만 있으면 '회의'라는 명목으로 개별적으로 불러냅니다.

그러던 어느 날, 제가 의욕이 없다는 것을 눈치챈 상사가 "자네가 이루고 싶은 것은 무엇인가?"라고 물어봤는데 대답을 제대로 못 했습니다. 그날 이후 제가 상사의 목표물이 되어버렸는지 "지금은 힘들다고 생각하겠지만, 이번 어려움을 극복하면 더욱 성장할 수 있을 거야"라고 사사건건 말을 걸어옵니다.

그런 말을 들으니 '나는 도대체 무슨 일을 하고 싶은 걸까'라는 생각이 들기도 합니다. 점점 더 고민하다 보니 오히려 미아가 된 기분이 듭니다.

- **'상담을 들어줄 다른 상사'를 찾아봅시다.**
- ○ 고통의 원인 = 소모, 경계, 자기혐오
- ○ 위험도 ★★★★

아이러니하게도 부하 직원을 도와주기 위한 코칭을 하면서 부하 직원을 망치는 상사도 많습니다. 당신의 고민을 들어보니 상사가 코칭으로 부하 직원을 성장시키는 것에 지나치게 집착해서 직원의 건강이나 고통을 제대로 파악하지 못하고 있어요.

비유하자면 뼈가 부러져서 아파하고 힘들어하는 사람에게 '근력 훈련을 열심히 하면 이렇게 근육이 생겨. 너도 해봐'라는 식으로 계속 움직일 것을 요구하는 격입니다.

게다가 부하 직원의 마음에도 '성장하고 싶다'라는 의욕이 있어서 '상사가 시키는 대로 하지 않으면 안 돼'라고 갈등하기 때문에 판단력이 흐려집니다. 에너지 '소모'와 상사의 요구에 대한 '경계', 상사의 기대에 부응하지 못하는 자기 자신에 대한 '자기혐오'가 겹친 상황입니다.

대처법

인간은 피곤해지고 약해지면 '이 과제는 나에게 너무 버겁다'라는 판단을 내릴 수 없게 됩니다. 에너지가 넘칠 때라면 할 수 있을 과제일지도 모르지만, 지금은 도저히 할 수 있는 상태가 아닙니다.

하지만 코칭을 좋아하는 상사는 생각하기에 따라 달라진다며 당신을 몰아넣습니다.

당신의 피로를 객관적으로 판단해줄 수 있는 사람이 주위에 있나요? 이를테면 의사와 상담을 받은 후 객관적으로 건강 상태에 대해 상사에게 전달할 수 있습니다.

저는 요즘 젊은이들에게 "당신에게 일을 알려줄 상사와 상담을 해줄 수 있는 상사를 각각 만드세요. 그리고 그들에게 자주 인사를 드리고 근황을 보고하면서 친해지세요"라는 말을 합니다.

회사를 둘러보면 다른 부서라도 경험이 풍부하고 조언을 해줄 수 있는 사람이 있습니다. 그런 사람에게 '에너지가 넘칠 때의 당신' 모습을 보여주면 피곤할 때도 적절한 충고를 들을 수 있을 것입니다.

[상대방을 꼼짝 못 하게 만드는 한마디]

"지금은 성장보다는 이 속도를 천천히 유지하고 싶습니다."

「함께 아름다운 세상을 만들자」

　　지인의 제안으로 사회공헌 크라우드 펀딩을 함께 만들었습니다. 처음에는 작은 힘이라도 되고 싶다는 마음으로 시작했는데 어느새 주요 회원 중 한 명이 되었어요.

주말에 반드시 활동을 해야 하기 때문에 아침부터 밤까지 붙잡혀 있어야 하고, 평일에도 밤새 사무작업을 하느라 피로가 쌓여 본업에 방해가 되고 있습니다.

사회공헌 활동이 점점 바빠지고 있는 상황에서 "나 그만둘까 봐"라고 농담 섞인 말투로 리더에게 말했더니, 갑자기 정색을 하면서 "배신할 거야?"라고 몰아붙이길래 겨우 웃으며 얼버무리긴 했어요. 그런데 그 이후로 아무 말도 할 수 없게 되어버렸어요.

좋은 세상을 만드는 데 제가 좀 더 열심히 참여하지 못한다는 자책감이 들어서요.

- **당신의 선택을 존중해주는 사람을 찾아야 해요.**
  - ○ 고통의 원인 = 소모, 경계, 자기혐오
  - ○ 위험도 ★★★★

'세상을 바꾸기 위해서'라는 사명감으로 버티는 자체만으로는 매우 훌륭하지만, 조직 안에서 다른 목소리가 너무 강해지면 타인의 의견을 받아들이기 쉽지 않지요.

한쪽에게는 합당한 의견이라도 다른 한쪽에게는 중압감으로 다가올수 있어요. '여유가 생기면 해야지'라는 정도의 마음으로 참여했지만, 지쳐버린 당신이 도중에 '빠진다'라고 말하기 어려운 분위기라는 것이 짐작됩니다.

하지만 당신은 지금 본업에 지장이 있을 정도로 '소모'된 상태라 앞으로 자신이 더욱 힘들어지는 것은 아닌지 '경계'만 하고 있어요. 더구나 모임을 그만둔다고 하면 "함께 노력해야지", "우리는 열심히 하는데 너만 생각할 거야?"라고 당신을 비난할 것 같아 그만둔다고 말하기 쉽지 않지요.

실제로는 그렇게까지 말하지 않을 수 있지만 스스로 '그렇게 말할지도 모른다'라는 압박감이 느껴져 '자기혐오'가 점점 심해질 거예요.

대처법

'이제 그만두고 싶다'라는 마음이 변치 않는다면 이 상황에서 벗어나는 것이 현명한 방법입니다. 어떤 이유가 있으면 본인도, 주변 사람들도 쉽게 이해할 수 있을 거예요.

진짜 이유가 아니더라도 '그럴듯한 이유'라면 충분합니다. 상대방이 더는 붙잡지 못할 '가족이 아프다'든가 '몸이 안 좋다'는 이유를 들어 거절할 수도 있습니다.

막상 그만둔 후에도 '과연 잘한 일일까'라고 후회하거나 자책감이 들지도 모릅니다. 그럴 때는 다른 사람의 도움을 받아야 해요.
당신의 선택을 인정해주는 사람에게 "그만두길 잘했어"라는 말을 들으면 편안해집니다. 마음을 가다듬기 위해 매우 필요한 관리입니다.
상황이 바뀌거나 에너지를 회복하고 나서 '뭔가를 할 수 있을 것 같다'라는 생각이 들 때 다시 참여하면 돼요.

[상대방을 꼼짝 못 하게 만드는 한마디]

"여유가 생기면 그때 다시 참여할게."

「자네밖에 없어」

저희 팀 상사는 '어디서 그런 생각이 떠오르는 걸까!'라고 감탄할 수밖에 없는 기발한 아이디어를 만들어내는 것은 물론이고, 프레젠테이션 능력도 뛰어난 '신'과 같은 사람입니다.

저는 전에 있던 팀의 상사와 회의에 몇 번 동석했다가 그분의 눈에 들어 같은 프로젝트팀에서 일하게 되었어요. 제가 맡은 일은 상사가 어려워하는 분야라서 사내 스카우트 제도를 통해 그 팀에 발탁될 수 있었습니다.

그런데 실제로 그와 함께 일해보니, 상사는 감정의 기복이 매우 심한 편이라서 기분이 좋지 않을 때는 정당한 이유도 없이 화를 내더라고요. 일이 제대로 진행되지 않는 것이 제 탓이라고 꼭 집어 말한 적이 있었는데, 그날 이후 마음이 몹시 괴로웠습니다.

"너무 힘들어"라고 직장 동료에게 속마음을 털어봐도 "뛰어난 상사 밑에서 일해서 좋겠다"라는 말만 하고 제 괴로움에 공감하지 못해요.

상사는 기분이 좋을 때는 "자네밖에 없어", "본질을 잘 파악하고 있군", "자네에게 꼭 맞는 자리를 마련해주겠네"라고 칭찬을 해주기도 합니다. 그런 말을 듣게 되면 마음이 누그러져서 '더 열심히 해야지'라고 생각하게 되고요.

> ● 가정 폭력과 비슷한 구조라는 것을 알아야 합니다.
> ○ 고통의 원인 = 소모, 경계, 자기혐오
> ○ 위험도 ★★★★★

상사는 재능이 뛰어나고 매력적이지만 좋은 사람은 아닌 것 같습니다. 타고난 능력으로 다른 사람의 마음을 사로잡는 사람이지만요. 예술가나 엔지니어, 크리에이터, 기업인 중에는 이런 사람이 많다고 합니다. 특정 분야에서 뛰어난 재능을 발휘하는 반면, 그렇지 못한 분야도 있을 거예요.

그래서 그의 매력을 느낀 사람은 '내가 옆에서 도와드려야지'라고 열심히 노력합니다. 이런 유형의 사람은 자신을 도와주려는 사람을 직감적으로 알아보고는 호의적으로 대하지요.

서로 부족하고 보충이 필요한 분야가 딱 맞으면 좋겠지만, 그렇지 않으면 서로 힘들어집니다. 아무리 다른 사람의 마음을 사로잡는 사람이라도 자신이 갖고 있는 능력 이상으로 일하다 제대로 일이 진행되지 않으면, 그 이유를 상대방 탓으로 돌리거나 주위에 있는 사람을 비난할 일이 생기게 되지요.

이러한 유형의 사람에게 비난을 받으면 다른 사람에게 상처를 받은 것보다 몇 배의 피해를 입습니다. 매혹적으로 보였던 부분과 본모습의 차이가 크기 때문이지요.

상사의 말과 행동에 일희일비하며 에너지를 '소모'하고, 그를 '경계'하는 게 당연합니다.

상사의 기대에 부응하지 못하는 자신에게 '혐오감'을 느끼기도 하지요. 위험도는 지금까지 이야기한 12가지 유형 중 가장 높습니다.

대처법

사실 이 경우는 가정 폭력과 매우 비슷한 구조를 담고 있습니다. 가정 폭력의 가해자도 직장에서는 '언뜻 보기에 좋은 사람'인 경우가 적지 않아요. 사회적 압력이 있는 환경에서는 분노를 조절할 수 있을지도 모릅니다.

하지만 스트레스가 심할 때나 평상시 화를 참고 있는 동안 에너지 소모가 심해지면, 그 분노를 가족에게 쏟아내는 것이지요.

이런 구조만 보면 '나쁜 사람'이라고 말할 수 있습니다. 폭력이 아니더라도 돈 씀씀이가 헤픈 사람, 습관적으로 술을 마시는 사람, 일을 하지 않는 사람, 다른 사람을 배신하는 사람 등의 나쁜 사람이 있어요.

피해를 입은 사람은 피해가 심해지면 가해자를 떠납니다.

그런데 가정 폭력을 당하고 있는데도 그 사람으로부터 도망갈 수 없는, 아니 도망가지 않는 사람이 의외로 많아요. 폭력의 원인으로부터 멀어지지 않기 때문에 더욱 심각한 피해를 입습니다.

결과만 보면 그렇게 나쁜 사람을 왜 떠나지 않는지 이해가 가지 않지요.

가정 폭력의 피해자를 대상으로 상담을 진행하다 보면 가해자에게는 다음과 같은 성향이 있음을 알 수 있습니다.

먼저 인간적 매력입니다. 예술이나 스포츠, 글재주, 창업, 도박 등의 재능이 있습니다. 또 '멋있다', '상냥하다', '나를 배려해준다'라는 느낌을 주는 것도 큰 매력입니다.

그리고 약함을 감추고 있습니다. 마음에 상처를 입기 쉬운 사람이라고 느껴져, 피해자는 심리적 고민에 빠지게 되지요.
먼저 내가 그 사람을 지켜줘야 한다는 모성애를 느낍니다. '저 사람을 도와줄 사람은 나밖에 없다', '내가 저 사람을 버리면 그가 좋지 않은 생각을 할지도 모른다'라는 감정이지요. 일종의 사명감 같은 것입니다.

다음은 차이 때문에 안도감을 느낍니다. 심한 폭력을 휘두른 후에는 몹시 상냥해지고 피해자를 배려해주기 때문입니다. 매력적인 사람을 내가 독차지했다는 안도감일 거예요.
가정 폭력의 가해자가 바람둥이인 경우, 가정 폭력의 대상으로 내가 '선택받았다'라는 생각이 들어 '다행이다'라고 말하는 피해자마저 있습니다.
부하 직원을 자기 마음대로 휘두르며 고생시키는 상사라도 어떤 거역하기 어려운 힘이 있는지도 모릅니다.

자신의 능력 이상으로 일하면서 다른 사람을 비난하는 그에게 '피해 의식'이 있는 거예요. 자신은 이렇게 열심히 했는데 부하 직원은 대충 일했다, 즉 '나는 공격을 받았다'라고 생각하는 겁니다.
그래서 상대방을 진심으로 공격하다가, 감정이 진정되면 평소의 자신으로 돌아와 "너를 걱정하고 있었어", "미안해"라고 사과하기도 해요.
당신도 '이제 저 사람은 나에게 정이 떨어졌나 봐' 하면서 불안했는데,

그런 말을 들으니 안심하는 거죠. '힘들지만 저 사람을 따라가야지'라는 마음이 강해져 도망갈 수 없게 됩니다. 그래서 가정 폭력과 비슷한 구조라고 한 겁니다.

'나의 인내가 부족하기 때문이다'라는 생각에서 벗어나서 자신의 괴로움을 똑바로 마주 보아야 해요. 그동안 괴로웠으니 도망가도 괜찮다고 판단했으면, 그 사람과 거리를 둡시다.

이때 몸과 마음의 피로가 진행되면 '회사를 그만두는 방법밖에 없다'라고 극단적으로 치우친 생각을 하기 쉬워요.

일단 휴식을 취하고 나서 냉정함을 되찾은 다음, '언뜻 보기에 좋은 사람'과 적당한 거리를 둘 수 있는 다른 부서로 이동시켜달라고 부탁하거나 차분히 다른 방법을 생각해봅시다.

[나에게 건네는 한마디]

"나는 저 사람을 위한 도구가 아니야!"

제 5 장
「언뜻 보기에 좋은 사람」에게
휘둘리지 않기 위한 자기 관리법

음, 뭐라고 말하지.

소모·경계·자기혐오 고통을
효과적으로 관리하는 방법

드디어 마지막 제5장입니다. 총마무리로서 그동안 당신이 '언뜻 보기에 좋은 사람'과 어울리면서 서서히 피해를 입었던 3가지 고통인 '소모 고통', '경계 고통', '자기혐오 고통'을 관리하는 방법을 살펴볼게요.

저는 현대인이 마음의 피로를 해소하고 자신만의 기준을 분명하게 정할 수 있는 기본적인 방법이 될 '감정 관리 프로그램'을 정리했습니다. 지금부터 몇 가지 방법을 소개할게요. '언뜻 보기에 좋은 사람'과의 인간관계 문제를 계기로 이러한 관리법을 실천하면 우리가 날마다 겪고 있는 크고 작은 스트레스에 대해서도 너무 고민하지 않게 됩니다. 체질이 개선되어 스트레스에 대처하는 힘이 생기는 것이지요.

참고로 제5장에서 살펴볼 자기 관리법은 제4장에서 이야기한 12가지 유형에 모두 통하는 효과가 있습니다.

자기 관리법은 모두 5단계입니다.

먼저 당신의 에너지를 되찾기 위해서는 '휴식'을 취해야 합니다. 그리고 감정의 발생 원인인 '언뜻 보기에 좋은 사람'과 거리를 두고 냉정해져야 해요.

자신이 느끼는 감정을 조금씩 느껴보고 그 감정을 인정한 다음, 상대방과의 관계를 다양한 각도에서 새롭게 파악하는 과정을 진행해야 합니다. 이 과정이 바로 감정을 다루는 기본 순서입니다.

중요한 것은 어떤 방법도 눈으로 읽기만 해서는 안 된다는 것입니다. 머리로 이해하고 알고 있는 것으로 끝내지 말고 **직접 실천하면서 자신의 마음 움직임을 차분히 관찰해보세요.** 반복해서 실천하다 보면 방법 하나하나가 익숙하게 될 것입니다.

지금부터 소개할 방법은 모두 제가 내담자들에게 추천했던 관리법 중 실제로 효과가 있었던 거예요.

자신의 피로를 '가볍게' 생각하지 않는다

먼저 '소모'를 관리하는 방법을 살펴봅시다. '언뜻 보기에 좋은 사람'이 얼마나 당신의 에너지를 빼앗고 있는지, 그로 인한 스트레스가 당신이 움직이고 생각하는 데 필요한 소중한 에너지를 빼앗아 얼마나 '소모 고통'을 불러일으키는지 반복해서 이야기했습니다.

우리는 자신의 피로를 '가볍게' 생각하는 경향이 있습니다. 저는 상담을 진행할 때면 **'휴식이 필요한 사람일수록 자신의 피로를 인정하지 않으려고 한다'**라는 것을 깨닫곤 해요.
에너지가 넘칠 때는 '이제 좀 쉬어볼까'라고 가벼운 마음으로 휴식을 취할 수 있습니다.
하지만 몸과 마음이 약해지면 '지금 내가 쉬면 주변 사람들에게 폐를 끼치게 될 거야', '돌아갈 곳이 없어지면 어떡하지', '다들 참고 견디는데 쉰다고 하면 나를 무능력하다고 생각할 거야'라는 식으로 마음이 조급해져 쉬지 못해요.

스트레스의 정체에 따라 필요한 휴식도 다르다

지금부터 스트레스를 '구멍 뚫린 컵'에 빗대어 설명해볼게요.

당신이 받은 스트레스는 작은 구멍이 뚫린 컵에 날마다 쌓이는 불순물과 같습니다.

스트레스는 컵 안으로 들어오는 흙탕물처럼 불순물이 섞여 있는 상태라고 할 수 있어요. 물은 컵의 옆면에 뚫린 구멍으로 빠져나가지만, 진흙이나 자갈은 바닥에 점점 축적됩니다.

시간이 지날수록 **컵의 바닥층은 콘크리트처럼 단단해져요.** 컵의 중간층도 진흙처럼 점성을 가지고 있습니다.

이처럼 오래전부터 받아온 스트레스가 컵의 바닥층에 자꾸 쌓이게 되면 컵에 담을 수 있는 스트레스의 양도 줄어 밖에서 약간의 스트레스가 들어오기만 해도 컵이 넘쳐버립니다.

사소한 일에 화를 내거나 냉정한 판단을 내릴 수 없게 되어버리지요.

이것이 바로 제3장에서 설명한 피로가 '제2단계'로 진입한 상태입니다. 참고로 피로가 제3단계로 진행되면 컵 안에 있는 물이 밖으로 흘러넘치게 돼요.

컵 안에 쌓여 있는 스트레스의 정체를 살펴보도록 합시다.

컵의 바닥층은 '10년 전부터 받아온 스트레스'가 콘크리트처럼 딱딱하게 굳어진 상태입니다. 트라우마로 남을 만큼의 충격적인 사건, 갱년기나 생활습관으로 인해 조금씩 축적된 건강의 악화, 노화 등의 스트레스에 해당하지요. 인생을 살아가면서 우리는 피할 수 없이 **날마다 에너지를 빼앗깁니다.**

흙탕물

스트레스 컵

스트레스 컵의 내용물

3개월 전부터
받아온 스트레스

1년 전부터
받아온 스트레스

10년 전부터
받아온 스트레스

● **흙탕물 상태**
조금 지나면 구멍으로 빠져나간다
명확한 단기적 충격, 과로, 실연, 사고,
재해, 파산, 해고

● **진흙 상태**
컵의 구멍으로 빠져나가지 못한다
크고 작은 일상적인 사건에 의한 피로,
환경의 변화

● **콘크리트 상태**
억지로 부수려고 하면 컵에 금이 간다
노화, 질병, 트라우마, 경험, 문화나
습관, 호르몬 변화

컵의 중간층은 '1년 전부터 받아온 스트레스'가 진흙처럼 끈적끈적해 진 상태입니다. 직장에서의 인간관계, 가족 간의 갈등처럼 일상생활에 서 흔히 일어나고 있는 크고 작은 스트레스에 의한 피로입니다.

컵의 위층은 '3개월 전부터 받아온 스트레스'입니다. 출장으로 쌓인 피 로, 최근 계속된 인간관계와 업무상의 문제, 앞으로 주어질 과제의 압 박 등에 대한 것입니다. 이러한 스트레스가 계속 축적되면 '1년 전부터 받아온 스트레스' 층으로 내려갑니다.

스트레스 컵이 넘쳐버리거나 넘칠 것 같을 때, 우리는 이에 필사적으로 대처하려고 합니다. 그러나 중요한 것은 스트레스의 원인이 무엇인지 파 악하는 거예요. 알아차리지 못하면 스트레스를 해소할 수 없습니다.

이를테면 **'3개월 전부터 받아온 스트레스'가 컵의 대부분을 차지하고 있 다면, 힘들다고 느껴지는 스트레스의 원인으로부터 떨어지거나 어느 정도 시간이 지나야 해요. 그래야 흙탕물 상태의 스트레스가 컵의 구멍으로 빠 져나가 컵 안의 스트레스가 줄어들어요.** 스트레스의 원인으로부터 벗어 나기 위해서 노래를 부르거나 운동을 하는 것은 스트레스 해소에 효과 적인 방법입니다.

하지만 '1년 전부터 받아온 스트레스'가 컵의 대부분을 차지하고 있는 경우, 그러한 방법으로는 스트레스를 해소할 수 없어요.

'1년 전부터 받아온 스트레스'는 날마다 반복되는 과로에 의해 서서히 축적된 피로이므로 본인도 '스트레스 원인'이 무엇인지 분명히 모르는 경우가 많습니다.

피로가 이미 제2단계로 진입했을 경우는 운동이나 여행 등의 활동적 인 방법으로 스트레스를 해소하려고 하면 '피로'가 더욱 쌓여서 악순환에 빠질 수 있습니다.

'1년 전부터 받아온 스트레스'에 대한 기본적인 대처법은 '휴식'입니다.
진흙 상태의 스트레스는 컵의 구멍으로 빠져나가지 못해요. 이것을 없
애려면 컵을 넘어뜨려 옆으로 잠시 눕혀두어야 합니다. 어느 정도 시
간을 두고 휴식을 취하는 구체적인 대처법이 필요한 것이지요.
155페이지 'STEP 1'에서는 제2단계로 진입한 피로 해소법을 구체적으
로 소개합니다.

참고로 '10년 전부터 받아온 스트레스'가 컵의 절반 이상을 차지하고
있으면 약간의 스트레스가 들어오기만 해도 컵이 쉽게 넘쳐요.
**'10년 전부터 받아온 스트레스'는 본인도 오랫동안 고민하고 있던 문제인
만큼 '근본적으로 해결하고 싶어!'라고 생각하겠지만 이미 콘크리트처럼
딱딱하게 굳어버린 상태입니다.** 억지로 부수려고 하면 컵에 금이 가버릴
수도 있어요.
'10년 전부터 받아온 스트레스'가 컵의 대부분을 차지한 경우, 그 위에
쌓인 '1년 전부터 받아온 스트레스'와 '3개월 전부터 받아온 스트레스'
부터 해소해야 합니다. '10년 전부터 받아온 스트레스'는 '바꿀 수 없
는 것'이지만 '1년 전이나 3개월 전부터 받아온 스트레스'는 '바꿀 수
있는 것'입니다.

우울함에 빠져 있으면서도 "쉴 수 있는 상황이 아니라서 조금밖에 못
쉬어요!"라고 말하는 사람은 피로 때문에 자신이 얼마나 피해를 입고
있는지 알지 못합니다. '참고 견디면 어떻게든 될 거야'라고 믿지요.
그럴 때 저는 이렇게 스트레스를 컵에 빗대어 말하면서 '제대로 된 휴
식의 필요성'을 알려줍니다.

'지쳐서 더는 견딜 수 없다!'라는 피로감 이외에도 '잠이 오지 않는다', '일이 제대로 진행되지 않는다', '결정을 내리기 힘들다', '건강이 계속 나빠진다', '죄책감이 든다', '괴로움을 느낀다'라는 증상이 나타나면 가장 먼저 '휴식'을 취해야 해요.

특히 '이 정도 괴로움 때문에 쉬면 안 돼'라거나 **'지금 쉬면 일이 더 힘들어질 거야. 입장이 난처해질 거야'라는 생각이 드는 것은 우울함에 빠졌을 때 나타나는 특징입니다.**

마음이 우울해지면 **'아무도 나를 이해하지 못한다'**, **'나만 고통을 느끼고 있다'**라는 피해 의식이 강해져서 '언뜻 보기에 좋은 사람'과의 관계도 더 불편해질 거예요. 이럴 때는 자신의 마음부터 관리해야 합니다.

쉬는 것이야말로 짧은 시간 동안 효과적으로 자신의 마음을 관리할 수 있는 방법이에요.

휴식을 취할 때 중요한 것은 쉬는 데 방해가 되는 '사람'이나 '일'에서 확실히 벗어나는 것입니다.

> ● **3일 동안 집중 휴식**
> ○ 아무것도 하지 않고 잠만 잔다. 깨어나도 침대에 누워서 쉰다.
> ○ TV나 DVD는 보지 않는다. 책이나 잡지도 읽지 않는다. 게임도 하지 않는다.
> ○ 컴퓨터는 켜지 않는다. 스마트폰도 되도록 자제한다.
> ○ 집안일은 일절 하지 않는다. 식사는 배달 음식을 시켜 먹거나 따로 조리할 필요 없이 전자레인지로 데우기만 하면 되는 제품을 미리 준비한다.

이렇게 쉬어도 되나 싶은 생각이 들지도 모릅니다. 혹은 '즐거운 일을 하면서 기분 전환을 하면 피로가 풀릴 거야'라고 술을 마시거나 여행을 떠나는 사람도 있을 거예요.

그러나 나이가 들수록 **'활동적인 방법'으로 스트레스를 해소하려고 하면 오히려 피로가 더욱 쌓이게 됩니다.**

몸과 마음을 회복하려면 마음을 먹고 **'집에서 휴식'**을 취해보세요. 가족들이 집에 있어서 휴식에 집중할 수 없으면 필요 경비를 지불한다고 생각하고 호텔 등에서 휴식을 취하는 방법도 추천합니다.

만화 「도라에몽」 주인공인 노비타는 도라에몽의 비밀 도구를 사용하여 1년 중 하루를 **'휴식의 날'**로 정해요. 당신도 '오늘은 휴식의 날이야!'라고 생각하면 쉴 수 있습니다. 제대로 된 휴식을 취하고 난 다음 머리가 개운해지고, 몸이 상쾌해지고, 마음이 편안해지는 상태를 확실히 느껴보세요.

감정을 부정하면
'경계 모드'가 악화된다

'소모'에 대한 관리를 마치고 나면 '언뜻 보기에 좋은 사람'과의 문제로 상처를 받은 당신의 감정을 느껴보고 인정하는 과정을 진행합시다.

'업무량이 늘어나지 않을까', '어떤 의도가 숨어 있는 것은 아닐까', '나에게 상처를 주지 않을까'라고 누군가에게 '경계 안테나'가 쉽게 작동하는 상태일 때, 왜 그 경계 모드가 계속 악화될까요? 바로 '감정을 억누르려는 행동' 때문입니다.

마음속에 자신을 자책하는 존재가 있어서지요. 이론으로 감정을 설득하려고 하는 '이성'과 노력과 인내를 강요하는 '아이의 마음이 가진 강점'을 지닌 존재입니다.

'그렇게 생각하면 안 돼', '조금만 더 노력하면 해결될 문제야', '그렇게 좋은 사람을 싫어하는 내가 잘못된 거야'라는 식으로 자책하는 것은 '아이의 마음이 가진 강점'을 너무 많이 사용하는 거예요. 자신의 감정을 느끼는 게 두려워서지요.

제가 심리간부로서 대원들을 상담했던 육상자위대에서는 재해가 일어
나면 현장으로 즉시 출동해서 구호 활동을 합니다.
그들의 임무는 가혹할 때가 많습니다. 또 훈련 도중에 사고를 당하거
나 동료의 자살과 같은 충격적인 사건을 접하는 경우도 있습니다.
그럴 때 저는 항상 대원들에게 "괴로운 감정을 절대로 부정하지 않고,
우선 인정하는 것이 중요합니다"라고 합니다.

제2장에서 이야기한 것처럼 여러분도 날마다 살아가면서 슬픔, 분노,
불안 등 여러 감정에 휘둘리지요. 그런데 이러한 감정은 자기 자신을
지키기 위해서 존재합니다.

　　화가 나거나 마음에 상처를 받았을 때는 '경계 안테나'가 위험을 감지한 순간이에요.

원시인 모드로 생각해봅시다. 상대방의 모습(맹수)이 사라지지 않는 한 '경계 안테나'는 계속 작동하고, 가까운 곳에 적이 있으면 긴장해서 몹시 지쳐버려요.

직장에서 문제가 생겼을 때는 '순간적으로 대응하라', '즉시 연락을 취하라!'라는 모드가 작동합니다.

그러나 갑작스러운 사건으로 감정이 격해져 있을 때 즉시 행동하는 것은 실패의 원인이 돼요.

냉정함을 잃어버린 상황에서 **인간관계 문제가 생기면, '가는 말이 고와야 오는 말이 곱다'라는 속담처럼 무의미한 말다툼이 일어납니다.**

그 당시에는 실수의 원인을 놓고 "누가 잘못한 거야!", "제 잘못이니까 회사를 그만두겠습니다"라고 싸우지만, 나중에 생각해보면 '왜 그렇게까지 말했지'처럼 느끼기 쉽지요.

육상자위대에는 예상하지 못한 문제가 자주 발생합니다. 생명이 위태로운 상황이라면 즉시 출동하지만, 10분 정도 늦게 출동해도 큰 차이가 없을 때는 '냉정함'을 최우선으로 생각해요.

에도시대의 소방관은 현장에 도착해 먼저 그 불로 담배를 피웠다는 이야기가 전설처럼 전해 내려옵니다. 아마추어는 눈앞의 일밖에 못 보지만, 진정한 프로는 불이 번지는 풍향이나 수로는 어디에 있는지, 가옥의 어디를 부숴야 하는지 등 전체 상황을 지켜보고 나서 행동하기 때문이지요.

경계 안테나가 위험을 감지하면 우선 그 자리나 상대방으로부터 멀어집시다. 회사라면 화장실로 피하는 방법도 있어요. 그리고 3분 안에 할 수 있는 '감사 명상'을 해봅시다.

● **감사 명상**

○ 심호흡을 크게 세 번 한다.

○ 평소처럼 숨을 쉬면서 호흡에 의식을 집중한다.

○ 지금 느끼고 있는 스트레스가 가득한 사건, 분노 등이 머릿속에 떠오르면 **'모든 감정은 자기 자신을 지키기 위해서 일어나는 반응이다'라는 것을 생각하며 '고마워'라고 중얼거린다.**

○ 호흡으로 의식을 되돌린다.

○ **다시 감정이 떠오르면 그때마다 "고마워. 하지만 지금은 호흡에 집중할 거야"라고 말하고 호흡으로 의식을 되돌린다.**

숨쉬기 방법은 당신이 느끼기에 편하고 쉬운 호흡법으로 해도 됩니다.

호흡에 집중하기 위해 코로 숨을 쉬면서 들숨과 날숨을 관찰하거나 가슴과 배가 부풀듯 올라오는 것을 살펴봐도 됩니다. 호흡수를 세도 좋아요.

'고마워'라고 중얼거릴 때는 떠오르는 감정을 부정하거나 바꾸려고 하지 않는 것이 중요해요. 진심을 담아 '고마워'라고 말하지 않아도 괜찮아요. '고마워'라고 말로 표현함으로써 피해 의식에서 벗어나기 위해서니까요.

이렇게 하면 감정을 부정하지 않아도 되고, 그 감정을 느꼈던 자기 자신을 부정하지 않아도 됩니다. 호흡에 집중하면서 상대방을 향한 감정이 커져 폭발하는 상황을 예방할 수도 있어요.

저도 화가 나면 자신도 모르는 사이에 한쪽으로 치우친 판단을 내린다는 걸 압니다.

'저 사람이 나를 모함하려고 한다'라는 생각이 들기 시작하면 '감사 명상'을 해보세요. 마음이 안정되면 '그게 아니었구나'라는 생각이 들어 웃어넘길 수 있어요.

자기 전에 '감사 명상'을 하면 의식을 집중할 수 있어서 온몸 구석구석까지 긴장이 풀리고, 스트레스 해소에도 도움이 됩니다. 꼭 '감사 명상'을 익혀보세요.

'감사 명상'을 통해 마음이 조금 진정되면 감정을 글로 바꾸어 '마음속 회의'를 진행합니다.

핵심은 마음을 가다듬고 나서 실천하는 것입니다. **분노나 불안, 경계심의 감정이 강하게 들 때는 커져버린 감정만을 내세우며 '생각하라', '행동하라'라고 명령하지요. 당신이 그 감정에 집중하도록 '최악의 사태'를 머릿속에서 반복해서 떠올리면서요.**

이를테면 사랑에 빠지면 감정의 힘이 강해집니다. 애인과 사이가 좋지 않아서 불안감이 커지면 '틀림없이 헤어지자고 말할 거야'라는 생각만 하게 돼요. 또 상대방의 어두운 표정이나 그 사람이 할 법한 말이 머릿속에서 반복해서 떠오릅니다. 헤어지지 않기 위한 방법까지는 생각해내지 못하는 거예요.

머리가 좋은 사람일수록 고민하다 보면 결론이 날 것이라고 생각하지만, 먼저 상대방과 거리를 두거나 호흡을 반복하는 방법을 통해 감정의 힘이 약해지도록 해야 합니다.

'이제 다른 일을 할 수 있어. 일단 그 일을 잊어버리자'라는 생각이 들 때 '마음속 회의'를 실천하세요.

'어떤 감정도 필요 없는 것은 없다', '감정은 자기 자신을 지키기 위해서 필요하다'라고 균형 있게 인정합시다. '어른의 마음이 가진 강점'을 익히기 위해서 '마음속 회의'를 진행해볼까요.

마음속 회의

'너무 지친다', '왜 나를 인정해주지 않는 거야', '화가 난다'처럼 자신의 '약한 마음'이라고 생각되는 감정을 **모두** 적어보세요.

'나는 안될 거야'라고 자책하거나 '기분 전환을 해볼까'라고 아무렇지 않은 것처럼 강한 척하려는 감정에 대한 것까지 **전부** 적어보고, '그럴 수밖에 없었잖아'라고 용서하는 거예요. 마음속 회의의 포인트는 어떠한 감정에도 치우치지 않고 모든 감정을 인정하는 것입니다.

'감정을 인정한다'라는 것은 '그 의견에 동의하고 즉시 행동한다'라는 말이 아니에요. 어디까지나 전원의 의견을 들어보고 나서 행동하기를 결정한다, 즉 '마음속 민주주의적 과정'을 중요시 하는 것이죠.

마음속 회의를 해보자

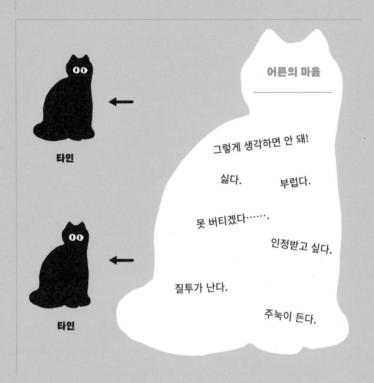

자신의 마음속에 있는 모든 감정을 글로 적어보세요.

당신을 힘들게 하는 감정, 고통스러운 감정 등 모든 감정을 인정하고 "괜찮아. 어떻게든 될 거야"라고 말하는 것이 '어른의 마음이 가진 강점'입니다.

모든 감정이 한꺼번에 표출되는 것은 아닙니다. '다른 감정이 숨어 있지 않을까?'라고 자신의 소중한 마음을 하나씩 천천히 연구하다 보면 마음속 깊숙한 곳에 있는 뜻밖의 감정을 발견하기도 해요. 숨어 있던 감정을 깨닫게 되면 마음은 가벼워질 수 있어요.

이렇게 자신의 마음을 겉으로 드러나도록 하면 '스트레스 컵' 안에 쌓여 있던 진흙과 같은 스트레스의 양은 줄어들어요.

인간은 인정하고 싶지 않은 감정이 들면 기분 전환을 하거나 그 상황을 잊기 위해서 '없었던 일'로 받아들이려고 합니다.

그 감정을 그대로 두면 '나는 안될 거야'라는 마음 자체를 억누를 거예요. 마음속 어딘가에서 '나는 감정으로부터 도망간 거야'라고 인식하고 있으면서요.

그렇기 때문에 '나는 모든 사건에 대처하고 있다'라는 자신감을 되찾으려면 '마음속 회의'가 필요해요.

다음으로 소개하고 싶은 방법은 '자기 자신을 혐오하는 마음'을 관리하는 데 효과적인 '7가지 관점'입니다.

이 방법 또한 어느 정도 감정이 진정되었을 때 실천하는 것이 핵심입니다. 발생한 문제를 다시 살펴볼 수 있습니다.

감정은 본능적인 감각으로 사물을 파악하기 위해 과장되게 움직이고, 한쪽으로 치우치게 하는 특성이 있다고 여러 번 말했습니다.

감정은 관점을 한쪽으로 치우치게 해서 '이미 알고 있다'라는 결론을 내려요. 이를테면 분노의 감정은 '저 사람은 나쁜 사람이니까 나를 공격할 거야. 즉시 반격하자!'라고 명령을 내립니다.

원시인 모드로 생각해보면 목숨을 걸 정도의 무서운 상황이지요. 결국 전투를 피할 수 있도록 '내 잘못이야', '더 열심히 해야지' 혹은 '다 저 사람 때문이야'라는 결론을 내리며 브레이크를 작동합니다.

그러나 이런 생각으로는 '이 문제를 해결하지 못하는 자신'을 자책하는 악순환에서 벗어나기 힘들어요.

먼저 마음속 회의를 통해 당신의 모든 의견을 들어주세요. 그렇게 하면 한쪽으로 치우친 관점이 조금 누그러집니다. 이 시점에서 '관점'을 바꿔봅시다.

과감하게 관점을 바꾸지 않고서는 '나의 마음이 한쪽으로 치우쳐 있다'라는 것을 알아차리지 못해요. 자신이 쓴 틀린 문장을 자기 자신이 발견하기 어려운 것처럼요.

다음 '7가지 관점'은 의식적으로 다양한 관점에서 문제를 살펴보도록 안내합니다.

7가지 관점

● 자신의 관점

'나'라고 하면 머릿속에 어떤 생각이 떠오르는가.

우선 '그랬구나'(감정을 인정한다), '무엇을 하려는 거니?'(목적), '피곤하진 않아?'(건강과 피로의 축적)라고 자신에게 질문을 던진다.

● 상대방의 관점

상대방의 관점에서 생각해보자.

'그때 그는 무엇을 하고 있었어?', '그 후로 무엇을 할 뻔했어?', '무엇을 말하고 싶었어?', '무엇이 불안하게 해?'라고 상대방의 관점에서 생각만 해도 화가 날 때는 생각을 중단하고 '감사 명상'을 다시 시작한다.

● 제삼자의 관점

감정은 자신과 상대방 사이에 있는 문제에만 집중하려고 한다.
'다른 사람은 이 문제를 어떻게 바라볼까?'라고 제삼자의 관점
에서 살펴보자.

● 우주적 관점

공간적으로 시야를 넓힌다.
'구글맵에서 지도를 살펴보듯 이 문제를 멀리서 바라본다면?',
'외계인이라면 이 사건을 어떻게 바라볼까?'라고 생각해보면
아주 사소한 인간관계의 문제였다는 의식으로 전환된다.

● 시간적 관점

'한 달 후에는 어떻게 될까?', '1년 후에는 어떨까?'라고 시간 변
화 흐름에 따라 문제를 파악하자. 감정은 눈앞의 일에만 집중하
려고 하지만, 시간적 관점을 넓히면 또 다른 관점에서 바라볼
수 있다.

● 감사의 관점

감정은 사건을 무겁고 슬픈 일로 인식하고 있다.
'이 사건에 감사하자'라는 관점에서 바라본다. '지금이라도 상
대방의 성격을 알 수 있어서 다행이야'라고 피해 의식이 약해질
수 있다. 다만 억지로 감사하려고 하면 자책감이 커질 수 있기
때문에 너무 애쓰지 않는다.

● **유머의 관점**

'코미디 프로그램이라면?', '시트콤으로 만든다면?'이라고 상상해보면서 웃어넘길 수 있는 사건이라고 생각해보자.

모든 관점에서 완벽하게 문제를 살펴보아야 한다는 것은 아닙니다. 내가 생각하기 쉽거나 그렇지 않은 관점이 있는 것은 당연해요.

다양한 관점에서 생각했더니 '시야가 넓어졌다'라거나 '사물을 바라보는 각도가 조금 달라졌다……'라는 정도의 변화가 일어나기만 해도 대성공입니다.

인간은 어떤 문제에 부딪혔을 때 '사실 이렇게까지 하고 싶지 않았지만 막다른 상황에 놓인 결과, 이렇게 되었다'라는 '궁지에 몰린 느낌'을 받으면 괴로움이 한층 커집니다.

인내를 부당하게 강요받았다는 기분이 들어서 에너지가 소모되지요.

반대로 '내가 선택한 것이다'라는 감각으로 느끼면 괴로움은 훨씬 줄어듭니다.

그런 효과가 나타나는 것이 '7~3 밸런스'입니다.

예를 들어, '언뜻 보기에 좋은 사람'이 있다고 가정해봅시다.

당신을 불편하게 만드는 사람과 아무런 관계가 없는 상태를 '0', 친밀한 상태를 '10'이라고 해볼게요.

당신은 그 관계를 '0'으로 만들고 싶은데 그렇게 하지 못해서 화가 나는 것일지도 모릅니다. 그래서 '언뜻 보기에 좋은 사람'과의 관계를 '7

부터 3까지'로 유지하는 게 '7~3 밸런스'입니다.

하루에 1시간만 자신을 위한 시간을 마련해서 상대방의 존재를 마음에서 몰아내는 것입니다. 함께 점심을 먹자고 해도 단호히 거절하고, 같은 부서지만 직속 상사를 바꿔달라고 하거나 마음에 들지 않는 행동을 봐도 '늘 있는 일이잖아'라고 생각해보는 거예요.
되도록 많은 방법을 떠올려보고 서로의 거리감이 '7부터 3까지' 사이를 유지하도록 해봅시다. 어떤 방법으로도 지금의 괴로움을 바로 '0'으로 만들 수는 없지만, 괴로움이 어느 정도는 줄어들지요.

'7~3 밸런스'의 특징은 한쪽으로 치우친 선택이 아니기 때문에 장애물이 높지 않고, 행동으로도 옮기기 쉽습니다. 즉, '고통을 지는 방법'을 바꾸는 것이지요.
무거운 짐을 들고 있다가 힘들면 그 짐을 내던지거나 계속 지고 가는 선택지밖에 없는 것은 아닙니다. 짐을 드는 방법을 바꾸어보는 거예요.
오른쪽 어깨가 아프면 왼쪽 어깨에 걸쳐봅시다. 그래도 힘들면 등에 메거나 두 팔로 감싸 안아보기도 하면서 말이지요. 짐을 잠깐 바닥에 내려놓았다가 다시 들어봅시다.

그렇게 하면 짐의 무게는 변하지 않았지만 조금 가벼워졌다고 느껴지거나 걷기 편해질 거예요.
문제를 100퍼센트 해결하는 방법은 아니지만, 마음먹은 대로 되지 않는 인생을 살아가는 데 조금은 도움이 되는 방식인 것은 사실입니다.
'고통스럽지만 어떻게 살아갈지는 내가 선택한 것이다'라고 인식하면 마음은 확실히 가벼워져요.

'걱정이 많은 성격'은 바꿀 수 있다

제가 카운슬러로서 아직 경험이 많지 않았을 때는 내담자들에게 휘둘려서 그들을 싫어하거나 일이 서투른 자신을 탓한 적도 많았습니다.

하지만 저의 가치관을 수정한 지금은 어떤 사람의 이야기라도 들을 수 있게 되었어요.

제 가치관을 크게 바꾸게 된 계기는 '인간의 말과 행동에는 나름대로 이유가 있다'라는 것을 깨달았기 때문이에요.

이를테면 일을 못해서 주변 사람들에게 비난을 받고 소외당하는 사람이 있습니다. 사실 '언뜻 보기에 좋은 사람'도 '나쁜 측면'만 확대되어 보일지도 몰라요.

그렇지만 카운슬러로서 그 사람의 이야기를 잘 들어보면 그렇게 일이 진행된 각각의 과정과 원인이 반드시 있습니다.

본인도 자신이 왜 그렇게 되어버렸는지 모르는 경우도 많지요. 피로에 지쳐서 자신감을 잃어버렸을 때는 왜 자신의 감정을 조절할 수 없는지 모르는 것이 현실입니다.

에너지 소모를 되도록 막고 싶다는 '개인의 보존'과 주변 사람들을 돕고 싶다, 폐를 끼치고 싶지 않다는 '종족의 보존' 욕구 사이에서 현대인의 괴로움은 커져만 가지요. 그렇게 되면 사람은 종잡을 수 없는 행동을 보이며 인간관계 문제를 일으킵니다.

그러나 그들의 이야기를 제대로 들어보면 인간은 각자 '필사적으로 살아가고 있다'라는 진실을 깨닫게 될 거예요.

다행히 저는 아직 '100퍼센트 나쁜 의도를 가지고 행동하는 사람'을 만나지 않았습니다.

어쩌면 세상에는 그런 사람이 존재할지도 모르지만, 제 감각으로는 여전히 '인간은 사랑해야 할 존재', '미워할 수 없는 존재'입니다.

물론 문제 행동을 참고 용서하라는 것은 아닙니다. 나에게 피해를 주는 사람과는 확실히 거리를 두어야 하지만, 적어도 '인간의 말과 행동에는 나름대로 이유가 있다. 각자 필사적으로 살아남기 위해 열심히 노력한 결과 자신만의 캐릭터를 만들고 서투른 행동을 해왔다'라는 시각으로 인간을 바라봐야 한다는 거예요.

사람에게 가장 무서운 것은 인간입니다. 그래서 인간관계 문제에 의한 피로는 정말 견디기 어렵지요.

유감스럽게도 '걱정하지 않는 성격'이 될 수는 없습니다. 다만 노력하기에 따라 '걱정이 많은 성격'은 바꿀 수 있어요.

감정과 마찬가지로 괴로움에는 '생명의 위기를 알려준다'라는 역할이 있습니다. 우리에게 생명이 있는 한 괴로움에서 벗어날 수 없어요. '괴로움을 0으로 만들 수 없다면 너무 고민하지 않아야지'라고 생각하는 것도 '7~3 밸런스'의 방법 중 하나가 아닐까요.

인간은 혼자서는 살아갈 수 없습니다. 그렇기 때문에 주위에 있는 누군가가 자신의 괴로움에 공감하면 힘이 나지요.
우리는 '저 사람은 좋은 사람이야!'라고 느껴도 즉시 다가가지 않습니다. 좋을 때나 나쁠 때나 함께 시간을 보내며, '저 사람에게는 나쁜 점도 있지만 좋은 점도 있어서 미워할 수가 없어'라는 마음으로 서로 의지하고 유대감을 느낄 수 있는 사람을 찾으려고 하기 때문이지요.
주위에 있는 사람의 장점이나 단점도 '저 사람의 또 다른 측면'이라고 생각하면, 어제보다 굳세고 강인하게 살아나갈 수 있습니다.

'언뜻 보기에 좋은 사람'이 더 위험해. PHP연구소의 편집자가 이러한 주제를 제안했을 때, 저술가인 야나모토 미사오 씨와 셋이서 다양한 의견을 주고받았습니다. 저는 '위험해'라는 단어를 보고 '언뜻 보기에 좋은 사람이 가장 우울함에 빠지기 쉽다'라는 의미로 생각했어요.

하지만 편집자의 의도는 '첫인상은 좋은 사람이었는데 막상 친해지고 보니 그 사람의 나쁜 측면을 발견했고, 좀처럼 그 관계에서 벗어나지 못하고 갈등하는 동안 헤어나기 힘든 곤경에 빠진다'라는 뜻이었습니다. 편집자는 '언뜻 보기에 좋은 사람' 때문에 괴로움을 느끼는 사람이 많을 것이라고 생각했던 거죠.

주변 사람들에게 물어보니 "제 주위에도 있어요"라고 공감하는 분이 많았어요. 동시에 "저 사람 때문에 힘들어요"라는 의견도 있었지요.

이 책에서는 왜 이런 '좋은 사람'이 점차 '나쁜 사람'이라고 느껴지는지 이해할 수 있도록 감정의 메커니즘과 그에 따른 대처법을 소개했습니다.

마지막으로 저는 다음의 두 가지를 새롭게 강조하고 싶어요.

하나는 **'언뜻 보기에 좋은 사람'은 결코 나쁜 사람은 아니라는 것입니다.** 그도 필사적으로 살아가고 있어요. 열심히 살다 보니 '언뜻 보기에 좋은 사람'의 행동이 몸에 배어버렸을 뿐입니다. 지금 이 책을 읽고 있는 당신과 본질적으로 같은 인간이지요.

또 하나는 **당신은 '언뜻 보기에 좋은 사람'을 싫어해도 괜찮다는 것입니다.** 우리는 타인에게 어떻게 행동할 것인지 좋은 요소와 싫은 요소를 서로 비교한 다음 결정해요. 좋은 요소가 크면 그 사람에게 가까이 다가갈 것이고, 싫은 요소가 크면 그 사람으로부터 멀어질 것입니다.

'언뜻 보기에 좋은 사람'과의 괴로움은 그 사람이 가지고 있는 매력과 그 사람으로부터 받는 스트레스 중 어느 쪽이 큰지 서로 비교하기 시작했다는 데 있습니다. 즉, 작은 갈등이 아닌 큰 갈등이 생기기 쉽다는 것입니다.
그 사람이 '싫다'라는 생각이 들거나 그와 거리를 두려고 할 때 당신은 '그래도 좋은 사람이었는데', '이런 것도 해주고 저런 것도 해줬는데', '내가 힘들 때 도움을 주었는데'라고 생각하며 자책합니다. '내가 저 사람을 배신했다는 기분', '그동안 애썼던 시간과 노력, 가능성을 버려야 하는 아쉬움' 등을 느끼기 때문이에요.

하지만 이렇게 생각해봅시다. 그 사람에게는 분명히 좋은 측면도 있고 나에게 잘해줄 때도 있을 거예요. 그러나 지금은 전체적으로 싫은 측면이 커져버린 것입니다. **좋은 요소보다 싫은 요소가 크다면 그 사람으로부터 도망가도 괜찮습니다.**
'일관성이 없다'라고 자신을 자책할 필요는 없어요.
스트레스가 커지면 그 원인으로부터 떨어지려고 하는 것이 자연스러운 반응이기 때문입니다. 이 사람이 너무 좋아서 결혼을 했더라도 싫은 측면이 커져버리면 헤어질 수도 있는 것입니다. 열심히 공부해서 입학, 취직을 했더라도 그곳에 남아 있을 필요를 느끼지 못한다면 퇴학, 퇴직하는 것과 같은 이치랍니다.

그 사람과 멀리 떨어진다고 해도 그 거리는 당신이 결정하면 됩니다. 그와 절교할 필요는 없어요. 또 자신의 상태나 상대방의 환경에 변화가 있다면 그때의 상황에 맞는 적당한 거리를 두면 됩니다. **난로와 비슷한 사람과의 거리는 내가 결정한다고 생각하세요.** 이것이 바로 어른의 책임입니다.

가깝게 지내던 상대방과 거리 두기를 실천할 때는 용기가 필요합니다. 이를테면 '졸업'이라는 이미지에 빗대어 생각해보면 좋을 거예요. '언뜻 보기에 좋은 사람에게 많은 것을 배웠어. 하지만 지금은 다른 필요성과 가능성을 느끼기 시작했으니, 졸업할 거야. **앞으로의 관계는 졸업을 하고 다시 생각해보자**'라고 말이지요.

이 책은 PHP연구소의 호리이 기쿠코 씨의 기발한 아이디어로 탄생했습니다. 여러 차례 편집 회의를 거듭하며 인간의 다양한 측면에 대한 이야기와 질문, 의견을 나눌 수 있어서 개인적으로 큰 깨달음을 얻었던 즐거운 시간이었어요.

편집 회의의 내용을 이 책에 정리해준 사람은 야나모토 미사오 씨입니다. 그동안 몇 번이나 함께 작업을 했지만 저는 항상 '야나모토 씨는 대단한 사람이야!'라고 느껴요.

저는 이론적으로 인간을 이해하려는 습관이 있습니다. 이론을 받아들이면 이해가 되기 때문에 재미있지만, 그것을 문장으로 표현하면 독자들에게 부담을 주게 되지요. 제 글은 이론적인 부분이 많아 내용이 좀 어렵습니다.

야나모토 미사오 씨는 여러 아이디어가 뒤섞여 나열된 제 글을 간결하게 정리해 독자들이 편안하게 읽도록 표현해주었어요. 이 책도 야나모토 미사오 씨가 많은 도움을 주었어요.

"언뜻 보기에 좋은 사람이 더 위험하다니, 그럼 우리들도 위험할 수 있겠네요"라고 웃으면서 이 책을 작업할 수 있어 감사합니다.

2019년 3월
시모조노 소우타

초판 1쇄 발행 2021년 1월 20일

지은이 시모조노 소우타
옮긴이 김단비

발행인 박운미   **조판** 박종건
편집장 류현아   **교열** 김화선
편집 김진희   **마케팅** 김찬완
디자인 나침반 진다솜   **홍보** 최승아
일러스트 박영준   **온라인 마케팅** 유선사

펴낸 곳 (주)알피스페이스
출판등록 제2012-000067호(2012년 2월 22일)
주소 서울 강남구 영동대로 315, 비1층(대치동)
문의 02-2002-9880
인스타그램 @the_denstory

ISBN 979-11-91221-04-6   03190
값 13,000원